AF618592

Franz Herzog – ein Kruzianer in Göttingen

Chordirigent und Komponist

Mit freundlicher Unterstützung des
Vereins „Göttinger Knabenchor e. V."

Dresdner Schriften zur Musik
Hochschule für Musik Carl Maria von Weber Dresden
Herausgegeben von Matthias Herrmann

Band 10

Vitus Froesch

Franz Herzog – ein Kruzianer in Göttingen
Chordirigent und Komponist

Tectum Verlag

Vitus Froesch
Franz Herzog – ein Kruzianer in Göttingen
Chordirigent und Komponist

Dresdner Schriften zur Musik
Hochschule für Musik Carl Maria von Weber Dresden
Herausgegeben von Matthias Herrmann

Band 10

ISBN 978-3-8288-3954-0

Umschlagabbildung: Franz Herzog und der Göttinger Knabenchor in St. Jacobi zu Einbeck (© Göttinger Knabenchor); Franz Herzog, „Lasset das Wort Christi unter euch reichlich wohnen", FHWV 18, Autograph (Nachlass Franz Herzog)

Layout: Vitus Froesch

Projektleitung Verlag: Norman Rinkenberger | Tectum Verlag

Druck und Bindung: CPI buchbücher.de, Birkach
Printed in Germany

Besuchen Sie uns im Internet
www.tectum-verlag.de

Bibliografische Informationen der Deutschen Nationalbibliothek
Die Deutsche Nationalbibliothek verzeichnet diese Publikation in der Deutschen Nationalbibliografie; detaillierte bibliografische Angaben sind im Internet über http://dnb.ddb.de abrufbar.

Geleitwort des Herausgebers

Bereits in meinem ersten Jahr als Kruzianer kam ich mit Franz Herzog in Berührung, vor genau 50 Jahren. Am 29. April 1967 sangen wir seine Motette *„Wir bauen an dir mit zitternden Händen"* (FHWV 22,2) in der Kreuzchorvesper. Nach der Uraufführung 1960 war dieses so nachdrückliche Chorwerk auf Texte Rainer Maria Rilkes für ein Jahrzehnt ins Stammrepertoire des Dresdner Kreuzchores unter Rudolf Mauersberger eingegangen. Es ist auch anderen ehemaligen Kruzianern in Erinnerung geblieben. Dazu gehört der namhafte Berliner Komponist Lothar Voigtländer. Er hat sich jüngst an diese Motette erinnert, „die mit ihren diatonischen Schichtungen, ausgehend von einem Zentralton, einen ersten, interessanten Ansatz" für seinen eigenen kompositorischen Weg bildete, „um später solchen Tonzentren den Vorzug zu geben vor einem fixierten und starren kadenzharmonischen Denken."

Ich begrüße es sehr, dass nun im Jahr des 100. Geburtstages Franz Herzogs die erste Biographie über ihn erscheint, und zwar in den „Dresdner Schriften zur Musik". Damit wird nicht nur über einen Lebensweg zwischen dem sächsischen Vogtland, Dresden, Peine und Göttingen berichtet, sondern auch über einen brillanten Chordirigenten und stilistisch vielseitigen Komponisten. Zudem wird sein Schaffen in wichtigen Übersichten widergespiegelt: im ausführlichen Verzeichnis seiner Kompositionen (mit FHWV-Nummern) und Listen von Tonaufzeichnungen (Herzog-Werke sowie Nachweise aller Aufnahmen unter der Leitung oder Einstudierung von Franz Herzog).

Als ich im Jahre 2013 die „Dresdner Schriften zur Musik" beim Tectum Verlag in Marburg etablierte, konnte ich nicht ahnen, dass der Verfasser des Eröffnungsbandes, Dr. Vitus Froesch, auch zum Verfasser des 10. Bandes werden würde. Er ist für diese Thematik prädestiniert: Es geht um einen Musiker des 20. Jahrhunderts, der stets über den Horizont eines Musikpädagogen und Chordirigenten geblickt und unterschiedliche Strömungen, auch des Jazz, in sein Werk eingebracht hat (man vergleiche die Werkanalysen im vorliegenden Band). Herzog war sich ein Leben lang und voller Dankbarkeit der Herkunft im Dresdner Kreuzchor bewusst, ohne je „kopiert" zu haben; vielmehr war es eine schöpferische Aneignung. Vitus Froesch kam sein Dissertationsthema über Rudolf Mauersberger sehr zugute, als er sich in Herzogs Leben und Werk eingearbeitet hat. Aber nicht nur dies: Er hat das Besondere des Chordirigenten und Wesenszüge des Komponisten herausgearbeitet und dabei zahlreiche ehemalige Mitglieder des Göttinger Knabenchores befragt. Sie erinnern sich noch heute dankbar ihres Chormeisters Franz Herzog.

Es war dem Schüler Rudolf Mauersbergers ein tiefes Bedürfnis, beruflich an das in Dresden Empfangene anzuknüpfen. Zudem wollte er die Besonderheiten des Dresdner Kreuzchores nach dem Zweiten Weltkrieg in Westdeutschland fruchtbar machen, gleich Karl Richter (Bachpflege in München), gleich Hans Thamm mit der Gründung des Windsbacher Knabenchores in Oberfranken.

Insofern gibt eine Formulierung aus dem Titel des vorliegenden Buches „ein Kruzianer in Göttingen“ genau das wieder, was Freunde und Förderer des Göttinger Knabenchores nach wie vor empfinden: Über Franz Herzog sind Geist und Anspruch der sächsischen Knabenchortradition in die bedeutende Universitätsstadt Göttingen gelangt und wirken bis heute nach.

Der Vorstandsvorsitzende des Vereins „Göttinger Knabenchor e. V.“ Herbert Schur hatte die Idee zu diesem Buch. Ich danke ihm, dem früheren Mitglied des Göttinger Knabenchores und ehemaligen Gymnasiallehrer am Felix-Klein-Gymnasium in Göttingen, besonders herzlich für sein Engagement. Er hat dem Verfasser zahlreiche Hinweise zu Franz Herzog gegeben und während der Buchentstehung viele Kontakte ermöglicht. Daneben danke ich dem Verein „Göttinger Knabenchor e. V.“ für seine großherzige Unterstützung. Mein Dank gilt zudem Frau Regine Schön (Göttingen). Sie hat den gesamten überlieferten Nachlass ihres Vaters zugänglich gemacht und dem Verfasser persönliche Einblicke in dessen Leben gegeben. Schließlich danke ich dem Projektleiter des Tectum Verlages Marburg, Norman Rinkenberger, für die Betreuung des Bandes.

Möge das noch viel zu wenig bekannte Werk Franz Herzogs über Göttingen und Dresden hinaus weiter Verbreitung finden. Ich hoffe, dass das vorliegende Buch dazu einen angemessenen Beitrag leistet.

Prof. Dr. Matthias Herrmann

Inhalt

Der Mensch

Frühe Kindheit

In unscheinbaren Verhältnissen wuchs Franz Herzog auf, verbrachte in dörflichem und kleinstädtischem Umfeld seine Kindheit. Geboren wurde er am 30. Mai 1917 im kleinen Dorf Görschnitz, das etwa drei Kilometer von Elsterberg entfernt in bergiger malerischer Landschaft liegt. Gemeinsam mit seinem jüngeren Bruder Rudolf wuchs er bei der damals unverheirateten Mutter Martha Herzog auf, wobei beide Väter nicht nachweisbar sind.[1]

Elsterberg im Vogtland und seine umliegenden Teilorte waren in Herzogs Kindheit wirtschaftlich von der Textilindustrie geprägt. Auch seine Mutter war als Weberin tätig und erhielt einen geringen Lohn, sodass die häuslichen Verhältnisse auf das Bescheidenste reduziert waren. Dass Franz Herzog diesen Umständen im wahrsten Sinne entwachsen konnte, verdankte er seiner Musikalität, die in der Elsterberger Volksschule erstmals erkennbar wurde.

Das Bewusstsein für eine gute Chorstimme war ein Kontinuum seines Lebens, angefangen bei den eigenen sängerischen Fähigkeiten. Denn schon in seiner ersten Zeit als Volksschüler war Franz Herzog seinem Lehrer als besonders stimmbegabt aufgefallen. Dieser Lehrer, dessen Name nicht mehr zu ermitteln ist,[2] empfahl ihn dem Elsterberger Pfarrer Deberitz als talentierten Knaben, der für die Kurrende an der Kirche St. Laurentius, vielleicht sogar für solistische Aufgaben, geeignet sei.

Inzwischen war in die Elsterberger Pfarrkirche wieder kirchenmusikalisches Leben eingezogen, wozu der Kirchenchor wohl genauso beitrug wie die Kurrende. Auch die große Jehmlich-Orgel ließ sich seit wenigen Jahren wieder in voller Pracht hören, nachdem ihr kurz vor Ende des Ersten Weltkrieges arg zugesetzt worden war: Wie in vielen Kirchen, mussten auch in Elsterberg im Jahre 1917 – also in Herzogs Geburtsjahr – die Prospektpfeifen der 1840 erbauten Orgel zu Rüstungszwecken abgeliefert werden. Gleiches galt für das dreistimmige Geläut. Bis 1922 konnten die so entstandenen Beeinträchtigungen wieder ausgeglichen werden, auch auf der finanziellen Grundlage großzügiger Elsterberger Spender. So war es bald wieder möglich, das kirchenmusikalische Leben zum Erblühen zu bringen, eine Entwicklung, an der Franz Herzog zunächst hörend, später auch singend Anteil nahm.

Seine Eignung als Sängerknabe in der Kurrende stellte sich spätestens bei der Christvesper des Jahres 1927 heraus, als sich der 10-jährige Franz Herzog zur Verzückung der Gemeinde solistisch hören ließ – vermutlich während der „Weissagung“, die in sächsischen Christvespern traditionell verankert ist. Diese gewöhnlich von Knabensolostimmen vorgetragene Passage basiert auf Worten des Propheten Jesaja, der die Geburt des Heilands als großes Licht verheißt. Herzog inspirierte der entsprechende Text übrigens später zu zwei seiner schönsten Kompositionen.[3] Dieser erste, wenn auch nur mündlich überlieferte Nachweis einer Solodarbietung bei der musikalischen Gottesdienstgestaltung am Heiligen Abend ist bezeichnend, wenn man sich vergegenwärtigt, wie wesentlich Chorgesang und Weihnachtsmusik für den späteren Chorleiter und Komponisten wurden.

Herzogs Lebensgeschichte wäre anders verlaufen, wenn es nicht fördernde Fürsprecher gegeben hätte. Solche waren Volksschullehrer und Pfarrer, die der Überzeugung waren, dass sich Herzogs Begabung in Elsterberg kaum entwickeln würde. Sie wandten sich daher mit einem verschollenen Brief an den Dresdner Kreuzchor – damals von Otto Richter geleitet.[4] Nach mündlicher Überlieferung soll das Schreiben so überzeugend gewesen sein, dass umgehend eine Einladung zum Vorsingen erfolgte, und dies außerhalb der üblichen Aufnahmefristen, mitten im laufenden Schuljahr.[5] Herzog überzeugte derart, dass er umgehend in den Dresdner Kreuzchor aufgenommen wurde.

Familiärer Wermutstropfen war, dass Herzogs ebenfalls musikbegabtem jüngerem Bruder Rudolf eine solche Förderungsmaßnahme zweier Elsterberger Autoritäten versagt blieb und ihm eine vergleichbare Ausbildung auch aus finanziellen Gründen nicht ermöglicht werden konnte.

Die Zeit im Dresdner Kreuzchor

Nach bestandener Aufnahmeprüfung hatte sich Herzog unmittelbar der Herausforderung zu stellen, innerhalb von drei Monaten den Lernstoff der 5. Klasse nachzuholen. Es wirft ein bezeichnendes Licht auf seine Zielstrebigkeit, dass er schon in seinen jungen Jahren diese Vorgabe bewältigte.[6]

Die ersten musikalischen Eindrücke waren durch den Kantor Otto Richter bestimmt, den Herzog noch gute zwei Jahre, bis Ende Juni 1930, im Amt erlebte. Die regelmäßig stattfindenden Vespern und Gottesdienstmusiken in der noch unzerstörten Dresdner Kreuzkirche waren die Höhepunkte des wöchentlichen Ablaufs, Konzertaufführungen traten im Laufe des Jahres stets hinzu. Die erhaltenen Vesper- und Konzertprogramme aus den letzten beiden Jahren der Richter-Ära geben Aufschluss über die Repertoireschwerpunkte: Vor allem Johann Sebastian Bach stand mit seinen Oratorien, Motetten und Kantaten im Zentrum, bei denen häufig der von Richter 1911 gegründete Dresdner Bachverein hinzutrat. Bemerkenswert war auch die Darbietung von Bachs *Kunst der Fuge* in der Orchestrierung Wolfgang Graesers mit der Dresdner Philharmonie.[7] Daneben erklangen ältere Werke, von der Spätgotik angefangen, romantische Musik stand eher selten auf dem Programm. Kaum hörte man Zeitgenössisches: Zwar führte der Kreuzchor gelegentlich Widmungswerke Arnold Mendelssohns auf, doch diese waren tendenziell der Romantik verpflichtet. So ist die Darbietung des *69. Psalms* in der Vertonung Heinrich Kaminskis, eines Vertreters der damals aktuellen Erneuerungsbewegung der evangelischen Kirchenmusik, ein Sonderfall. Herzog dürfte bei der Aufführung am 7. Dezember 1929 als Knabenchorist mitgewirkt haben, wobei die Initiative und Leitung des Werkes von Erich Schneider ausging, dem Gründer und Leiter des Dresdner Mozartvereins, der zur Aufführung mit seinem Ensemble auch den Kreuzchor hinzugezogen hatte.[8]

Dem Nachfolger Otto Richters im Kreuzkantorat, Rudolf Mauersberger, ging der Ruf eines energischen und profilierten Chorleiters voraus, der die aktuellen Akzente der Kirchenmusik umgehend und mit Qualitätsbewusstsein umsetzte. In diesem Sinne hatte er sich zuvor in der Bachstadt Eisenach als Kantor an der Stadtkirche St. Georgen und als Thüringischer Evangelischer Landeskirchenmusikwart überregional einen Namen erworben. Seine Aufführungen alter und neuer Kirchenmusik in Bachs Taufkirche, seine Gottesdienstgestaltungen und Konzerte mit dem von ihm gegründeten Georgenchor – einem Knabenchor nach Vorbild der Leipziger Thomaner – lockten viele Besucher, auch und gerade außerhalb Eisenachs und Thüringens, an. Die neuen Impulse, die von Rudolf Mauersberger ausgingen, blieben auch derjenigen Kommission nicht verborgen, die auf der Suche nach einem geeigneten Nachfolger für Otto Richter im Kreuzkantorat sich in der Passionszeit 1930 nach Eisenach begab, um die dortige Arbeit Mauersbergers zu begutachten. Sie gewannen einen übereinstimmend positiven Eindruck, u. a. da sie erleben konnten, wie souverän ihm die Einstudierung und Darbietung der höchst aktuellen *Markuspassion* von Kurt Thomas gelang. Unter 80 Bewerbern wurde Mauersberger schließlich zum 1. Juli 1930 das Amt des Kreuzkantors übertragen, das er beinahe 41 Jahre lang bis zu seinem Lebensende bekleidete.

Damit änderte sich einiges in Dresdens ältester kultureller Einrichtung, denn Mauersberger hatte in Bezug auf Repertoire und Chorklang diametral andere Vorstellungen als sein Vorgänger: Auch wenn Werke Bachs ebenfalls regelmäßig erklangen, setzte er den Schwerpunkt seiner Arbeit auf die Darbietung des Schaffens von Heinrich Schütz, des einstmaligen Dresdner Hofkapellmeisters. Daneben erklangen auch Werke anderer Komponisten des 16. und 17. Jahrhunderts. Mauersberger setzte gleichzeitig die zeitgenössische Musik der älteren gegenüber, sodass eine ständige Spannung gegensätzlicher Stilauffassungen bereits durch das Repertoire entstand. Romantische Musik erklang ebenfalls, wenn auch eher selten.

Zudem schwebte Mauersberger ein Chorklang vor, der sich vom bisherigen deutlich unterschied. Die eher weiche und am italienischen Belcanto ausgerichtete Färbung, die durch Otto Richter geprägt worden war, ersetzte der Nachfolger durch ein geradliniges und metallisches Timbre. Auch wenn sich der Klang des Kreuzchors von den ersten erhaltenen Tonaufnahmen um 1935 bis etwa 1960 noch zu größerer Klarheit und weitgehender Vibratofreiheit entwickeln sollte, machte Mauersberger schon zu Beginn seiner Amtszeit klar, dass seine klanglichen Vorstellungen deutlich von denen des Vorgängers abwichen. Sein Ausspruch „Ihr müsst schärfer singen!" erklang häufig in den ersten Proben.[9]

Eine solche Neuausrichtung musste polarisieren. Dominierend waren anfangs Ablehnung und Unverständnis, nicht nur im Publikum, sondern auch bei den Kruzianern. Da Mauersberger „beim Chor zunächst nicht sonderlich beliebt gewesen"[10] war, entstanden ensembleinterne Spannungen, die erst allmählich abgebaut werden konnten.

Wie Herzog den Ansichten des neuen Kantors anfänglich gegenüber stand, ist nicht bekannt. Fest steht aber, dass ihn Mauersberger stark prägte. So ist die grundsätzlich scharfe Tongebung für den Klang der Chöre, die Herzog leitete, ebenso typisch, ja sogar stärker ausgeprägt als im charakteristischen Mauersberger-Klang des Kreuzchors.

Über die Kruzianerzeit Herzogs haben sich nur wenige Quellen erhalten. Schülerlisten, Klassenbücher oder schulische Korrespondenz etwa wurden im Februar 1945 bei der Zerstörung Dresdens vernichtet. Erstmals taucht Herzogs Name am 4. November 1934 auf. Das Programm des Kreuzchor-Auftritts im Dresdner Taschenbergpalais (ein Auszug aus Wagners *Rienzi* und die *Beherzigung* aus den *Goethe-Chören* Johann Friedrich Reichardts) weist den dirigierenden 17-jährigen Herzog als 1. Chorpräfekten aus. Damit war er zum direkten musikalischen Assistenten Mauersbergers geworden, der für Proben und gelegentliche Dirigate herangezogen wurde. Seine außerordentliche chorleiterische Begabung äußert sich in dieser frühen Ernennung. Normalerweise bekleideten damals wie heute begabte Kruzianer der Abschlussklasse und damit ein Jahr lang diesen Posten. Herzog durfte sich als Präfekt dreimal so lang beweisen. Dass Mauersberger bei erwähnter Darbietung die Leitung nicht selbst übernahm, lag am Veranstaltungsrahmen, war sie doch Teil der nationalsozialistisch ausgerichteten Dresdner Saar-Ausstellung.

Herzog befand sich in der Lage, im Kreuzchor jene musikalische Ansprache und Förderung zu erhalten, die seinem Talent entsprach. Das starke Eingebundensein in den Kreuzchor und das Zusammenleben im Internat ließen wohl das Gefühl von Einsamkeit kaum aufkommen. Nur gelegentlich wurde Herzog bewusst, wie weit er von der Familie entfernt lebte. Aufgrund der räumlichen Distanz, gleichfalls aus finanziellen Gründen, war es ihm nur möglich, in den Sommerferien das heimatliche Elsterberg bzw. Görschnitz zu besuchen. So fand selbst die stark gefühlsbestimmte Weihnachtszeit für ihn außerhalb der Familie statt, so dass er mit einem weiteren Chormitglied die Tage zwischen Weihnachten und Neujahr im Alumnat verbrachte. Herzog fasste später diese alljährlich sich wiederholende Situation in dem Satz zusammen: „Die Gänge hatten wir für uns!“[11]

Dem neuen Kantor fiel er rasch als musikalisch hochbegabt auf. Daraus entstand eine verstärkte Förderung, die ihm Mauersberger zuteil werden ließ und die schließlich zu den ersten Kompositionsversuchen führte. Die Erwartungen, welche Mauersberger in ihn setzte, enttäuschte er nicht, ja er übertraf sie sogar. So ist er bis zum Ablegen des Abiturs 1937 mehrfach in den Kreuzchorvespern als alleiniger Chordirigent verzeichnet. Dabei fällt das allmählich gesteigerte Niveau dessen auf, was Herzog in den Vesperprogrammen meisterte. Hatte er sich anfangs mit vergleichbar einfachen, überschaubaren Werken ausprobieren können, bewältigte er im letzten Jahr etwa die Dresdner Erstaufführung der anspruchsvollen *Luthermesse* von Hermann Simon (24.10.1936), die harmonisch äußerst ambitionierten Motetten *Einklang* und *Ergebung* Hugo Wolfs oder die *Deutsche Motette* von Richard Strauss – eine Komposition für 4 Solostimmen und 16-stimmigen Chor. Letzteres Werk erklang beim 76. Fastnachtskonzert des Kreuzchores am 9. Februar 1937, zusammen mit den ersten nachweisbaren Kompositionen Herzogs – *5 Chorliedern* nach Texten von Walter Flex (FHWV 74).

Das anfängliche Lehrer-Schüler-Verhältnis zwischen Mauersberger und Herzog weitete sich zu einem Kontakt in gegenseitiger Wertschätzung aus, der über die Kruzianerzeit hinausging und dazu führte, dass Mauersberger sich noch in den 1960er Jahren häufig für die Chormusik des Jüngeren einsetzte, bis hin zur Auswahl mancher Werke für Tourneeprogramme und Rundfunkproduktionen.

Mehrfach ist in der Chorpräfektenzeit Herzogs eine Übereinstimmung zwischen dem damaligen und späteren Repertoire festzustellen. Einige Werke, die Herzog bereits zwischen 1934 und 1937 mit dem Kreuzchor einstudierte und aufführte, nahm er auch in seiner Zeit als Chordirigent in Göttingen ins Programm auf. Dazu gehören die Motette *„Jesu meine Freude"* von Johann Sebastian Bach, gleichfalls die Gradualmotetten Bruckners und das Offertorium *„Venite populi"* Wolfgang Amadeus Mozarts.

Musikstudium und Kriegsdienst

In Herzogs Abiturzeugnis wird die „künstlerisch-musikalische Eignung" genauso hervorgehoben wie die sportliche – ein früher Fingerzeig im Hinblick auf die Göttinger Berufsjahre, in denen er als Musik- und Sportlehrer tätig war. Aber auch die übrigen Abiturfächer schloss er, abgesehen von einer Ausnahme, mit guten oder sehr guten Leistungen ab. Bereits damals hegte er großes Interesse für neue deutsche Literatur und philosophische Fächer, eine Tatsache, die sich später in der geglückten Textauswahl für Vertonungen bestätigt findet.

Seine Fähigkeiten als Chordirigent und Komponist ließen ein erfolgreiches Musikstudium erwarten. Mauersberger schrieb, er „habe [...] betont, daß wenn solche hoffnungsvolle Begabungen sich nicht dem Studium der Musik widmen wollten, [er] nicht wüßte, wer es sonst tun sollte."[12] Und bereits früh soll Herzog „im Auge gehabt" haben, „Schulmusik zu studieren, obwohl ich diese Begabung auch dem Zweig der Kirchenmusik gegönnt hätte."[13]

Diese Formulierungen scheinen eher dem taktischen Zweck geschuldet zu sein, Herzog als besonders musikpädagogisch interessiert und begabt zu apostrophieren, als dass sie der Realität entsprochen hätten. Denn er nahm Anfang Oktober 1937 am damaligen Dresdner Konservatorium ein Musikstudium auf, das keineswegs auf schulmusikalische Ambitionen hindeutet. Sein Interesse galt dem Dirigieren und Komponieren. Schon nach einem Jahr legte er die Prüfung zum „Chormeister", zum examinierten Chordirigenten, mit bestem Erfolg ab. Eine Formulierung im Prüfungszeugnis wirkt im Hinblick auf Späteres geradezu prophetisch: „Er verfügt als Chorleiter über eine gesunde Natürlichkeit, Schwung und Musikalität, sodass er in der Lage ist, einen Chor erfolgreich zu leiten."[14]

Ebenfalls am Konservatorium wurde er anschließend zum Kapellmeister und Komponisten ausgebildet. Zu seinen Lehrern zählten der damalige Konservatoriumsrektor und Dirigent Walther Meyer-Giesow, der Leiter des Staatsopernchores Ernst Hintze und der Musiktheoretiker, Komponist und Rezensent Herbert Viecenz. Außerdem wurde er vom angesehenen Dresdner Pianisten Karl Weiß unterrichtet, von dem er sicherlich technisch und gestalterisch profitierte. Der Vergleich zwischen der eher romantischen Interpretationsauffassung Herzogs und den Charakteristika des Klavierspiels von Weiß legt dies nahe: Er war ein Pianist, der „mit größter Meisterschaft und Verinnerlichung interpretierte" und darüber hinaus als „ausgesprochene[r] Romantiker" galt, „dessen Lieblinge Schumann, Brahms und Reger"[15] waren. Bei welchen Dozenten Herzog im Nebenfach Orgel und Posaune studierte und außerdem im „Gesangsunterricht [...] sein wohlklingendes Bassmaterial technisch einwandfrei [zu] behandeln"[16] lernte, bleibt offen.

Bereits während seines Studiums trat er mit eigenen Kompositionen und als sein eigener Klavierinterpret in Erscheinung. Nachdem der Kreuzchor seine *3 heiteren Chorlieder* auf Texte von Christian Morgenstern (FHWV 81) aufgeführt hatte, erlebten die Dresdner im April 1939 den Komponisten am Klavier, als er gemeinsam mit der Dresdner Philharmonie unter Leitung Wilhelm Biesolds seine *Konzertante Musik in klassischer Manier* (FHWV 169) zu Gehör brachte. Wenige Monate später vollzog sich ein weiterer entscheidender Wendepunkt in seinem Leben. Im Sommer 1939 heiratete er Ingetraut Schreiber. Aus dieser Verbindung gingen die drei Kinder Peter, Regine und Andreas hervor. Doch erst nach Kriegsende, und dies an völlig anderem Ort, sollte der eigentliche Beginn des Lebens mit der eigenen Familie beginnen.

Dass Herzog das Kapellmeisterstudium ebenfalls in vergleichsweise kurzer Zeit, im September 1940 – während seines Heimaturlaubs inmitten des Kriegsdienstes – abschloss, lag nicht nur in seinen guten, offenbar höchst effektiv erbrachten Leistungen begründet. Schon wenige Monate nach dem Beginn des Zweiten Weltkrieges – der genaue Zeitpunkt ist unbekannt – wurde Herzog zum Kriegsdienst eingezogen. Zu den indirekten Indizien der Einberufung gehört die Verleihung des 3. Preises des Kompositionswettbewerbs des Gauleiters für Neue deutsche Chormusik. Bei der entsprechenden Feierstunde auf der Felsenbühne Rathen am 14. Juli 1940 erklangen erstmals seine *3 Chöre für Männerchor* nach Texten von Wolfram Brockmeier (FHWV 73), gesungen vom Konservatoriumschor Dresden unter Leitung Walther Meyer-Giesows.

Bis zum Kriegsende im Mai 1945 hatte Herzog Militärdienst zu leisten, wodurch er kaum noch öffentlich in Erscheinung trat. Einzige Ausnahme war der „3. Abend zeitgenössischer Musik" im Großen Saal des Dresdner Konservatoriums am 16. April 1943: Seine *Neue Sonate Nr. 2 d-Moll* für Klavier (FHWV 203) brachte der Komponist selbst zur Uraufführung.

Solch erzwungene Abstinenz von beinahe jeglicher öffentlicher musikalischer Betätigung hieß jedoch nicht, dass bis zum Kriegsende keine Musik aus Herzogs Feder erklungen wäre. Während beispielsweise im April 1942 unter dem Titel „Feldgraue Musik" im Festsaal des Dresdner Rathauses durch den Kreuzchor, daneben unter Mitwirkung des genannten Karl Weiß und des Bassisten Richard Capellmann einige seiner Chor- und Kunstlieder aufgeführt wurden, brachten 1944 der ehemalige Kruzianer Joachim Freyer am Klavier und die Sängerin Yvonne Büttner Herzogs Opus 18b, seine *Lieder* nach Texten von Theodor Storm (FHWV 119), erstmals in Dresden zu Gehör. Doch allzu große Aufmerksamkeit bekamen diese Uraufführungen nicht, Reaktionen etwa in der Lokalpresse blieben aus.

So verliert sich zunächst Herzogs Spur. Zu welchem Zeitpunkt um 1945 er nach Nordwestdeutschland kam, ist nicht zu ermitteln. Schwer erkrankt gelangte er kurz vor Kriegsende in ein Lazarett in der Nähe von Hannover, während seine Familie die Bombenangriffe auf Dresden am 13./14. Februar 1945 er- und vor allem überlebte. Sie floh von dort zunächst an die Ostsee,[17] später ins kleine Dorf Abbensen bei Peine. Wenige Monate nach Kriegsende, im September 1945,[18] fand die Familienzusammenführung der Herzogs dort statt.

Nachkriegsjahre

Nun begann der am meisten von Ungewissheit geprägte Lebensabschnitt in Herzogs Biographie. Denn so glücklich die Familie sich wohlbehalten wiedergefunden hatte und in Abbensen untergebracht war, dürfte Herzog klar gewesen sein, dass er mit seiner künstlerisch (nicht pädagogisch) bestimmten musikalischen Ausbildung am neuen Wohnort, in dörflicher Atmosphäre, kaum Gelegenheit finden würde, den notwendigen Lebensunterhalt zu bestreiten. Orchester oder Chöre, die er hätte leiten können, waren zunächst nicht in Sicht, und eine von hier aus startende große Pianisten- oder Komponistenlaufbahn schloss sich ebenfalls aus.

Herzog arbeitete sich schrittweise empor. In den ersten Monaten begann er, in Abbensen Klavierunterricht zu erteilen. Schnell hatte er sich einen Namen als begehrter Lehrer erworben, und es zeigte sich vermutlich erstmals sein pädagogisches Talent. Der Unterricht wird wohl abwechslungsreich, spannend, sachkundig und detailverliebt verlaufen sein.[19]

Seine Schüler suchte er zum Unterricht in deren Wohnungen auf, erteilte also Klavierstunden nicht zu Hause. Abgesehen davon, dass dieses Verfahren für Schüler und Eltern angenehm war, gestaltete es sich für Herzog als Notwendigkeit. Ein entsprechendes Instrument besaß er zunächst noch nicht.[20]

Zum 1. Dezember 1945 wurde er, zunächst vorbehaltlich, als Musikerzieher an die Oberschule für Jungen, das Ratsgymnasium im 14 Kilometer entfernten Peine berufen. Erst zwei Monate später genehmigte die britische Militärregierung vorläufig seine unterrichtliche Tätigkeit.

Somit hatte Herzog ein berufliches Feld gefunden, auf dem er fortwährend aktiv sein würde. Dabei war er als Schulmusiker ein völliger „Quereinsteiger" ohne pädagogische Ausbildung, was er lediglich durch eine nachträgliche „Sonderprüfung für Musiklehrer" im Jahre 1951[21] einigermaßen kompensieren konnte.

Er war zugleich Musiklehrer am Peiner Ratsgymnasium und am Mädchengymnasium der Stadt. Die wenigen wöchentlichen Unterrichtsstunden füllten ihn weder finanziell noch ideell aus. So übernahm er ab 1950 fünf Jahre lang die Leitung des 1942 gegründeten Städtischen Chores Peine.[22]

Nicht allen Mitgliedern dieses Ensembles wird der künstlerische Anspruch, den Herzog von Beginn an stellte, entsprochen haben, sodass sich der Chor auf Dauer neu zusammensetzte und deutlich verjüngte. Doch bei allen Forderungen hatte der neue Chorleiter „eine sehr glückliche Art, einer Gruppe etwas abzuverlangen, mit der er zu guten Ergebnissen kommen wollte".[23] Er brachte den Chor auf ein bisher unerreichtes Niveau, entwickelte ihn neben der bestehenden oratorischen Ausrichtung zum ausgewiesenen A-cappella-Chor.

Die schnelle Qualitätssteigerung sprach sich in der Stadt und darüber hinaus herum. Auch der damalige NWDR wurde auf die Leistungen des Chors aufmerksam, sodass im August 1951 die erste Rundfunkproduktion in

Hannover durchgeführt wurde. Der Zuspruch des Publikums und der Presse war sehr groß, die gegenseitige künstlerische und menschliche Sympathie zwischen Chor und Dirigent ebenfalls.

Parallel war Herzog ab 1949 vier Jahre lang Leiter des Orchesters der Braunschweigischen Musikgesellschaft. Mit diesem ambitionierten Laienorchester, das sich am Wochenende zu Proben zusammenfand und den bescheidenen Beginn eines orchestralen Lebens in Braunschweig darstellte, erarbeitete er ein vielfältiges, anspruchsvolles Programm. Klassische Sinfonik von Mozart und Beethoven erklang ebenso wie eher selten zu hörende Barockwerke oder auch neuere Kompositionen. Und selbstverständlich brachte sich auch Herzog gelegentlich mit eigenen Werken ein. So einvernehmlich und allseits bedauernd die Beendigung der Zusammenarbeit mit dem Städtischen Chor in Peine 1955 verlief, so unrühmlich und spannungsgeladen legte Herzog zwei Jahre zuvor die Orchesterleitung in Braunschweig nieder.

Bei allen Erfolgen als Musiklehrer, Dirigent und Komponist entsprach die eher provinzielle, unrastige und beruflich höchst fragile Existenz keinesfalls Herzogs Vorstellungen. Wo es ihm geboten schien, versuchte er, zur Verbesserung seiner Lage Kontakte zu knüpfen. Von den vielfachen Bemühungen zeugt eine große Korrespondenz. So trat er beispielsweise 1947 mit Kurt Thomas, dem angesehenen Chorleiter und Komponisten, in Verbindung, der aber – aus Detmold antwortend – nichts für ihn tun konnte. Ähnlich ging es ihm mit zahlreichen, letztlich erfolglosen Bewerbungen. Dazu zählten nicht nur Schreiben an verschiedene Schulen im gesamten Gebiet der damaligen Bundesrepublik Deutschland, sie reichten auch bis nach Schweden und in die USA. Selbst als Komponist versuchte der stilistisch flexible Herzog zu reüssieren und reichte zu diesem Zweck im September 1951 15 *Schlager* zu selbstgedichteten Texten unter dem Pseudonym Artur Bloy als Wettbewerbsbeiträge beim NWDR ein. So musikalisch reizvoll diese Dokumente aus dem Bereich der Unterhaltungsmusik sind, wurden sie doch „als nicht geeignet befunden".[24]

Zeitweise erfolgreicher erwies sich der Kontakt zwischen Franz Herzog und dem Violinisten Wolfgang Marschner. Als beide um 1950 aufeinander trafen, stand letzterer am Beginn seiner internationalen Karriere als angesehener Solist und Pädagoge seines Instruments, als Kammermusiker, Orchesterleiter und Komponist. Marschner, übrigens aus Dresden stammend, hatte damals die Position des Konzertmeisters im Kölner Rundfunk-Sinfonie-Orchester inne, setzte sich darüber hinaus für zeitgenössische Musik ein. So hatte er sich Herzogs *Violinsonate D-Dur* (FHWV 188) angenommen und sie beim NWDR im November 1950 eingespielt. Mehrfach wurde sie gesendet, doch Marschners Bemühungen, das Werk in Kammerkonzerten zu präsentieren, gestalteten sich schwierig und ernüchternd: „Was Deine Sonate angeht, so habe ich sie vorläufig erfolglos in Frankfurt und Stuttgart vorgeschlagen",[25] ließ er den Komponisten im Juli 1951 wissen. Letztlich war es Herzog nicht vergönnt, sich als seriöser moderner Komponist einen Namen zu machen, auch da seine Tonsprache bei aller rhythmischen und harmonischen Originalität einem tonalen, tendenziell spätromantischen Ideal folgte.

In der Situation ständigen Suchens und Bewerbens mit dem Ziel größerer beruflicher Stabilität war der Kontakt zur damaligen Oberschule für Jungen – dem späteren Felix-Klein-Gymnasium – in Göttingen Anfang 1953 eine wichtige Weichenstellung. Herzog bewarb sich auf die dort ausgeschriebene Musiklehrerstelle und stellte sich als die gesuchte Persönlichkeit heraus: einen gleichzeitig pädagogisch und musikalisch-künstlerisch versierten Menschen, der neben der Unterrichtserteilung vor allem der Schule ein musikalisches Profil durch den Aufbau eines Chores und die Leitung des vorhandenen Orchesters schaffen sollte. Herzog reizte die Vorstellung, auf diese Weise all seinen Befähigungen gleichzeitig einen Platz einräumen und als eine Aufgabe an diesem Jungengymnasium faktisch einen Knabenchor nach eigenen Vorstellungen aufbauen zu können. Von der Bewerbungsbestätigung im Februar bis zur Zusage Herzogs vergingen weniger als zwei Monate.[26] Bereits mit dem bevorstehenden Schuljahresbeginn, nach damaliger Regelung im Anschluss an die Ostertage, nahm Herzog seine Lehrertätigkeit auf.

Die ersten Jahre in Göttingen (1953–1956)

Herzogs Anfänge in Göttingen bescherten ihm ein neues Aufgabenfeld, auf dem es viel zu tun gab, und damit verbunden eine beruflich-finanzielle Substanz, auf der die Lebensgrundlage seiner Familie gesichert war. Die Tatsache, dass man ihm aufgrund fehlender Qualifikationen lediglich den Grad eines Oberschullehrers zuerkannte, wirkte sich auf seine Motivation nicht negativ aus. Da ihm als erster Musiklehrer großer Gestaltungsspielraum zur Orchester- und Chorleitung von Seiten des Direktors gegeben war, machte er sich umgehend daran, ein bis dahin an dieser vor allem naturwissenschaftlich und sportlich geprägten Schule nicht vorhandenes musikalisches Klima zu schaffen.

Äußerlich bestanden in dem 1929 vollendeten, funktionalen, großen Gebäude gute Bedingungen, um Musikalisches auf die Beine zu stellen. Hierzu gehörten im obersten 5. Stockwerk, im sogenannten „Turm", ein großer Musikraum mit verwendbarem Klavier und vor allem in der 1. Etage die repräsentative Aula. Sie verbreitete mit ihrer damals noch freiliegenden Deckenkonstruktion, leicht nachhallender Akustik und einer für den Raum mehr als angemessenen Orgel eine beinahe kirchliche, weihevolle Atmosphäre. Im Gegensatz zu diesen animierenden baulichen und instrumentalen Vorbedingungen gab es kaum ein musikalisches und vor allem chorisches Leben. Selbstverständlich wurde schon vor Herzogs Ankunft in Göttingen Musikunterricht erteilt, und es existierte unter dem Musiklehrer Johannes Trompke auch ein Schulorchester. Doch all diese Bemühungen schienen nicht wesentlich zum künstlerischen Erblühen des Gymnasiums beizutragen.

An dieser Situation sollte sich durch die Anstellung Herzogs etwas ändern. Ihm standen vier Stunden seines Wochendeputats für die Chorarbeit zur Verfügung. Sie setzten sich aus drei Gruppenstunden und einer Gesamtprobe zusammen.[27] Doch die erste Aufgabe des neuen Musiklehrers war die Chormitgliedergewinnung. Zum relativ raschen Aufbau des Schulchores trugen offizielle Bekanntmachungen und Aushänge genauso bei wie das besondere Charisma Herzogs, mit dem er so manchen Schüler vor allem seiner Musikstunden für die Mitwirkung begeistern konnte. Schon wenige Wochen nach Schuljahresbeginn 1953 fanden die ersten Proben statt.

Für Herzog war allerdings die Anstellung mit großer Arbeitsbelastung und persönlicher Distanz von seiner Familie – abgesehen vom Wochenende – verbunden. Seit 1950, anlässlich der Übernahme des Städtischen Chores, war man bereits von Abbensen nach Peine umgezogen. Als nun Herzogs Arbeitsmittelpunkt Göttingen wurde, war es zunächst nicht möglich, gemeinsam mit der Familie dort hin zu ziehen, da in der stark kriegsversehrten Universitätsstadt große Wohnungsnot herrschte. Peine und Göttingen lagen zudem mit etwa 160 Kilometern Entfernung für tägliches Pendeln zu weit auseinander. Herzogs einzige Möglichkeit, die Situation zu bewältigen, war es, im Schulgebäude zu wohnen. In einer kleinen Kammer neben dem Musikraum lebte er während der Arbeitstage auf wenigen Quadratmetern. Dieser äußerst prekäre Zustand hielt drei Jahre an, bis Herzog für sich und seine Familie in Göttingen angemessenen Wohnraum gefunden hatte.

Zwischenzeitlich ergab sich ein weiteres mehrjähriges Betätigungsfeld: Ebenfalls 1953 wurde er Dirigent des Katholischen Männerchores „Cäcilia", einer seit 1905 bestehenden Gemeinschaft, die durch regelmäßige Aufführungen in der Stadt präsent war. Herzog war bereits durch die Rundfunkaufnahmen mit dem Städtischen Chor Peine und seine jetzigen chorischen Aktivitäten am Felix-Klein-Gymnasium schnell der Ruf eines außergewöhnlichen Chorleiters vorausgegangen, seine Herkunft aus dem Dresdner Kreuzchor wurde respektvoll anerkannt. Durch eine Vakanz bekam er die Gelegenheit, den Chor zu übernehmen. So konnte Herzog seine finanzielle Lage minimal verbessern.

Der Männerchor war an der katholischen Kirche St. Pauli entstanden und fühlte sich dem dort gepflegten geistlichen Repertoire und der musikalischen Messgestaltung verpflichtet. Herzog war evangelischen Bekenntnisses, musste sich daher in einer ihm ungewohnten Liturgieauffassung zurechtfinden. Ein Mittel hierzu war sicherlich die mehrfache kompositorische Auseinandersetzung mit dem Messordinarium: Drei Messvertonungen schrieb Herzog zwischen 1956 und 1958, allerdings nicht ausschließlich für seinen Männerchor.

Eine weitere Diskrepanz zwischen der Göttinger „Cäcilia" und ihrem neuen Chorleiter bestand in den verschiedenen Qualitätsansprüchen: Während sich zuvor der Chor allwöchentlich freitags abends im Hinterzimmer einer Gastwirtschaft traf, um beherzt, aber keinesfalls auf klangliche Perfektion bedacht, Volks- und Kirchenlieder zu singen, hatte Herzog sofort das Ziel, diesen Chor so weit wie möglich über die Grenzen der Leistungsfähigkeit und zu einem Ensemble von künstlerisch hohem Rang zu führen. So erstaunlich dies anmutet, ließen die Chormitglieder diese Kursänderung zu und kamen Herzog in seinen Ansprüchen nach. Eine klangliche Verbesserung war auch hier schnell erreicht, und der Dirigent steuerte bald eigene Werke zum Repertoire bei, die er meist in der Aula des Felix-Klein-Gymnasiums zur Aufführung brachte. Seine *Antigone-Musik* (FHWV 45) erklang dort etwa zum 50-jährigen Chorjubiläum. Der kompositorische Höhepunkt für die „Cäcilia" war Herzogs ein Jahr später in St. Pauli zu Göttingen aus der Taufe gehobene *Missa in honorem Sanctae Caeciliae* (FHWV 2). Rundfunkaufnahmen in Hannover und die Beteiligung am Berliner Chorfest des Deutschen Allgemeinen Sängerbundes 1959 kamen hinzu.

Dauerhaft war aber die Diskrepanz zwischen Herzogs Anspruch und der eher geselligen Ausrichtung seines Männerchores nicht zu ignorieren. Man trennte sich nach neun Jahren einvernehmlich, wobei Herzog zu diesem Zeitpunkt – 1962 – ohnehin neue chorische Aufgaben zu meistern hatte, die sein ungeteiltes Engagement forderten.

Daneben bemühte er sich, ein weiteres berufliches Betätigungsfeld zu erlangen und bewarb sich daher 1955 an der Pädagogischen Hochschule Göttingen um eine Dozentur. Dieser Bewerbung war „kein Erfolg beschieden", wobei man von Seiten der Hochschule, insbesondere „des Lehrkörpers" ihm gleichzeitig „für die interessante Darbietung und das anschließende Gespräch" dankte. Er habe einen „positiven Eindruck" hinterlassen.[28] Bei einem Kompositionswettbewerb für Kirchenmusik des damaligen Südwestfunks Baden-Baden schied er ebenfalls aus.[29]

Als er 1962 die Leitung der „Cäcilia" niederlegte, war der von ihm gegründete Schulchor des Felix-Klein-Gymnasiums längst aus den Anfängen herausgetreten und hatte sich zu einem Ensemble von ungeahnter Vitalität und Strahlkraft entwickelt, dessen Ruf über die Grenzen der Schule hinauswies. Da Herzog grundsätzlich die 5. Klassen als Musiklehrer unterrichtete, war er über die stimmliche Qualität der Jüngsten von Beginn an im Bilde und konnte so viele Schüler zur Mitwirkung im Chor animieren.

Nach der Gründung 1953 ließ er sich für den Aufbau des neuen Ensembles Zeit. Abgesehen von der Beteiligung an den alljährlichen Konzerten zum Schuljahresende, erlebten Lehrer und Schüler bis 1957 keinen Auftritt des Chores. Stattdessen machte Herzog bereits beim ersten Schulkonzert im Dezember 1954 als Dirigent des Schulorchesters auf sich aufmerksam. Man hatte u. a. sein Werk *Arie und Concertino* (FHWV 165) sowie vier Stücke für Streicher von Paul Hindemith aufgeführt. Sie erklangen im ersten Konzertteil gemeinsam mit Klavier-Solowerken von Béla Bartók und Arnold Schönberg, ein bemerkenswertes Bekenntnis zu modernen Klängen in der Schulaula. Daran zeigte sich unmittelbar, welch neue musikalische Zeiten durch den energischen Musiklehrer im Gymnasium begonnen hatten.

Erst gut zwei Jahre nach diesem Konzert trat der Schulchor in Erscheinung, und dies mit einer wahrhaft bahnbrechenden Aufführung im Februar 1957. Sie hatte stärkste Publikumsresonanz und wies auf große Leistungen und Popularität des Schulchores voraus, die 1962 zur Gründung des Göttinger Knabenchors führten.

Jahre des Erfolges mit unbestimmtem Ausgang (1957–1962)

„Die Aula der Felix-Klein-Oberschule war überfüllt, der Beifall war frenetisch, und oben auf dem Podium wie unten im Saal steigerte sich die gute Laune zu höchst vergnügter Ausgelassenheit. Vermutlich hat man in Göttingen eine Uraufführung dieser Art noch nicht erlebt: eine moderne

Schulmusik, die gar nicht erst in die Gefahr kommt, in die trüben Gewässer der üblichen pädagogischen Musik abzutreiben, die im Gegenteil munter, frech und witzig gegen den Strom schwimmt und eine unwiderstehliche gute Laune verbreitet. Das ist eine wahre Wonne zum Singen und Spielen und ein reines Vergnügen zum Hören."[30] So begeistert beschrieb der Rezensent und später namhafte Musikwissenschaftler Ludwig Finscher die wohl bemerkenswerteste und erfolgreichste Aufführung einer Herzog-Komposition: Am 27. Februar 1957 erklang seine *Musik zu Christian Morgensterns Palmström* (FHWV 62), die aufgrund des großen Andrangs und Zuspruchs in den folgenden Wochen zweimal bei überfülltem Saal wiederholt werden musste.

Was dem Komponisten mit seiner 12-teiligen, innerhalb der vorangegangenen Sommermonate relativ schnell entstandenen Morgenstern-Kantate gelungen war, ist ein Werk mit Signalwirkung in doppelter Hinsicht: Einerseits leitete es im Bereich der musikpädagogisch intendierten Schöpfungen der 1950er Jahre wahrhaft einen Paradigmenwechsel ein. Gleichzeitig konnte Herzog innerhalb des Chores eine solche Begeisterung entfachen, wie es ihm zuvor nicht möglich war.

Mit der *Palmström-Musik* hatte sich der Musiklehrer Herzog unübersehbar profiliert. Sein Schulchor sang mit bemerkenswerter Strahlkraft und emotionaler Beteiligung. Dies wirkte sich gleichzeitig auf den Zuspruch innerhalb des Kollegiums und insbesondere bei der Schulleitung aus, das gelungene Experiment sprach sich auch bis zum Rundfunk herum. Der damalige NDR-Redakteur und Komponist Klaus Hashagen veranlasste im Rahmen erneuter Wiederaufführungen im März 1958 die erste vollständige Tonaufnahme des Werkes in der Schulaula, die viele positive Reaktionen hervorrief.

Von diesen Entwicklungen beflügelt, war Herzog bestrebt, seine *Palmström-Musik* auch als Notenausgabe verlegen zu lassen und wandte sich daher an verschiedene Verlage, u. a. den renommierten Schott-Verlag in Mainz. Dort schätzte man das Werk grundsätzlich positiv ein. Der Komponist habe mit seiner „Palmström-Musik zu dem reichlich diskutierten Thema Schulmusik einen höchst bemerkenswerten Beitrag geleistet",[31] wobei „der positive Eindruck [...] zweifellos bei der Idee selbst [liege], eine Schulmusik im Jazz-Stil zu schreiben".[32] Die stilistische Disparität und mitunter proportionale Unausgewogenheit des *Palmström* führten letztlich zu der Entscheidung, ihn in vorliegender Form aus verlagsstrategischen Gründen nicht herauszubringen, man hatte sich von Herzog eine Umarbeitung hin zu einer ausschließlich jazzinspirierten Fassung erhofft.[33] Herzogs Reaktionen hierauf sind unbekannt,[34] offenbar ließ er sich auf die gewünschten Zugeständnisse nicht ein. Die *Palmström-Suite* kam zwei Jahre später beim musikpädagogisch ausgerichteten Verlag Bosse in Regensburg heraus.[35]

Mit weiteren Hörfunkproduktionen und Auftritten des Chores, auch außerhalb Göttingens, stiegen die Qualitätsansprüche. Herzog wurde nun weiterer Gestaltungsspielraum mit Ausweitung der Probenzeit eröffnet, sodass wöchentliche Proben mit den Klassen 5–8 hinzukamen.

Damit war die Entwicklung des Schulchores garantiert, das vorhandene Potential konnte beständig ausgebaut werden. Dies macht den Anschein, als wenn Herzog seine eigentliche Aufgabe als Musiklehrer und Chorleiter in Göttingen definitiv angenommen hätte. Die erhaltene Korrespondenz vermittelt ein anderes Bild: Briefe Herzogs etwa an den ebenfalls aus dem Kreuzchor hervorgegangenen Karl Richter, erneut an den inzwischen zum Thomaskantor in Leipzig ernannten Kurt Thomas, darüber hinaus weitere intensive Kontaktpflege zu Musikverlagen, Ensembles und Rundfunkanstalten machen offensichtlich, dass er unverändert auf der Suche war. Innerlich hatte er sich mit dem bisher Erreichten keinesfalls zufriedengegeben oder dies als ein Zeichen verstanden, auf dem bisher beschrittenen Weg in Göttingen ausschließlich weiterzugehen. Möglicherweise hätte sich seine Biographie zum Ende der 1950er Jahre nochmals in eine ganz andere Richtung entwickelt.

Fast zeitgleich zur Aufführung der *Palmström-Suite*, wenige Wochen früher, erklangen in Dresden ebenfalls Werke Franz Herzogs: Der Dresdner Kreuzchor sang in der Annenkirche Teile der *Messe una sancta ecclesia* (FHWV 3). Das anspruchsvolle Werk – die gemäßigte Moderne durch impressionistische und atonale Anknüpfungen erweiternd – fand positive Aufnahme und führte schließlich zur Gesamtdarbietung bei den Heinrich-Schütz-Tagen des Dresdner Kreuzchors im selben Jahr. Diese Begebenheit zeigt an einem größeren geistlichen Werk, dass die Verbindung zwischen Herzog und Mauersberger sowie zum Dresdner Kreuzchor nicht abgebrochen war, ja in den endenden 1950er und beginnenden 1960er Jahren intensiviert wurde. So entstand nicht nur das genannte Werk ausdrücklich für den Kreuzchor – Herzogs Göttinger Schulchor hätte es technisch keinesfalls realisieren können. Wenige Jahre zuvor vollendete er die *Drei Motetten in rezitativischem Stil* nach Texten von Rainer Maria Rilke (FHWV 22), deren zweite Mauersberger gewidmet und unter seiner Leitung häufig gesungen wurde: *„Wir bauen an dir mit zitternden Händen"*. Dieses sehr stark „auf Klang" geschriebene Werk war ein kompositorisches Gegenstück zur *Knabenchormesse* (FHWV 4), einem weiteren Widmungswerk: In seiner abstrakten, gelegentlich dodekaphonen, jazzbezogenen Faktur und weitgespannten Instrumentation überzeugte es Mauersberger klanglich nicht restlos, obgleich er sich mit ihm auseinandersetzte, es mit dem Kreuzchor einstudierte und schließlich dem Komponisten die Gelegenheit gab, es in der Kreuzkirche Seifhennersdorf uraufzuführen.[36] Auf Herzogs Bitte hin spielte es Mauersberger während einer Süddeutschland-Tournee im Oktober 1960 in einem Stuttgarter Rundfunkstudio ein.

Die enge Verbindung zwischen beiden Chordirigenten entsprang zunächst einem ähnlichen künstlerischen Verständnis, was das hohe Niveau des Repertoires und der Chorkultur betraf. Dahinter stand aber noch eine weitere Motivation, die insbesondere von Mauersberger ausging.

Aus Anlass seines 70. Geburtstages am 29. Januar 1959 wurde Mauersberger vom damaligen Dresdner Oberbürgermeister Herbert Gute gebeten, ihm Vorschläge eines geeigneten Nachfolgers im Kreuzkantorat zu unterbreiten. Einige ehemalige Kruzianer und inzwischen angesehene Chordirigenten fielen ihm ein. Er favorisierte jedoch den einstigen mehrjährigen Chorpräfekten Franz Herzog. Da zum damaligen Zeitpunkt die Grenze zwischen beiden deutschen Staaten noch durchlässig war, lag diese Wunschvorstellung im Bereich des Möglichen und wäre beinahe Realität geworden. Wie weit die Dinge bereits gediehen waren und Herzog in Dresden eine neue, ihm künstlerisch entsprechende Karriere hätte beginnen können, berichtete Mauersberger selbst: „Herr Herzog war auch bereits in Dresden und hat unter meinem Beisein Besprechungen [...] geführt. Wir waren sogar soweit gekommen, daß Herr Herzog mein Assistent werden und gleichzeitig eine Dozentenstelle an der Hochschule für Musik bekommen sollte."[37] Die Verhandlungen scheiterten zunächst „lediglich an einer gemäßen Regelung der Finanzfrage".[38]

Vom künstlerischen Standpunkt betrachtet, wäre Herzog ein idealer Nachfolger Mauersbergers gewesen. Ob er, der „nie Opportunist war",[39] sich allerdings im politisch doktrinären, einengenden Umfeld der DDR hätte zurechtfinden können, ist sehr fraglich. Doch spätestens mit dem Bau der Berliner Mauer im August 1961 war die Abschottung der DDR von der Bundesrepublik vollzogen, sodass nun Herzogs Kantoratsübernahme in Dresden unmöglich war und „durch die nunmehr veränderte politische Situation [...] erst recht eine günstige Lösung ausgeschlossen"[40] blieb.

Die Findung eines geeigneten Nachfolgers zögerte sich ein Jahrzehnt hinaus, was sich für die künstlerische Profilierung des Kreuzchors im Hinblick auf Timbre und Repertoire sogar als Vorteil erwies. Herzog pflegte weiterhin Kontakt nach Dresden, tat nun aber einen entscheidenden Schritt in Göttingen, um sich dort künstlerisch besonders zu entfalten. Dass nach den Sommerferien 1961 am Felix-Klein-Gymnasium außergewöhnlich viele stimmbegabte Jungen eingeschult wurden, ließ die Frage akut werden, inwieweit sich der Schulchor ausbauen ließ. Dies war der Anfang eines Prozesses, der mitsamt entsprechender Proben und administrativer Vorbereitungen im September 1962 zur Gründung des Göttinger Knabenchors führte.

Die Anfänge des Göttinger Knabenchores

„Göttingen ist seit kurzem um eine musikalische Institution reicher. Der von Franz Herzog geleitete Chor des Felix-Klein-Gymnasiums etablierte sich jetzt als ‚Göttinger Knabenchor'."[41] Dies schrieb die Presse über das erste Auftreten des neuen Ensembles am 26. September 1962 bei einem Kirchenkonzert in St. Jacobi zu Göttingen.

Prinzipiell änderte sich an der chorischen Situation am Felix-Klein-Gymnasium zunächst nichts. Der vormalige Schulchor, der noch eine Woche zuvor mit einem Programm in der Aula für sich einnahm, das Uraufführungen von Werken Herzogs und Klaus Hashagens enthielt, hatte schlicht eine Namensänderung erfahren. Dadurch war beabsichtigt, auch stimmbegabte Jungen zwischen dem 9. und 12. Lebensjahr aus anderen Göttinger Schulen integrieren zu können, was langfristig auch geschah.

Mit der Gründung des Göttinger Knabenchors entstand auch ein zugehöriger Förderverein, an dem anfangs sieben Personen, zumeist aus den Reihen des Lehrerkollegiums am Felix-Klein-Gymnasium, gehörten. Einer von ihnen war Fritz Focke, der im darauffolgenden Schuljahr Direktor wurde, als solcher energisch die chorischen Ziele Herzogs unterstützte und bis an die Grenzen des Möglichen förderte.

Weiterhin von Beginn an Vereinsmitglied war Gisela Krahmer, die u. a. Musik am damaligen Neuen Gymnasium, dem heutigen Theodor-Heuss-Gymnasium Göttingen unterrichtete und über eine Schulorchesterkooperation mit Herzog in Verbindung kam. Auch sie setzte sich intensiv für den Chordirigenten und seine Ziele ein, wurde über die Jahre dessen Mitarbeiterin im Knabenchor, fertigte zahlreiche Reinschriften seiner Werke an, war

Ansprechsperson für die Chormitglieder – kurz: organisatorisch und künstlerisch die „rechte Hand“ Herzogs und die „gute Seele“ des Chors. Nach fachlicher Verbundenheit und anschließender Freundschaft führten Herzog und Krahmer sogar ein gemeinsames Leben. Krahmer schrieb, dass ihre „Art der Mitarbeit im Knabenchor [...] mit ‚Geschäftsführer‘ nur unvollkommen umschrieben“ sei. „Ich war eigentlich immer dabei und ständig – von der Planung bis zur Rückbesinnung – mit dem Chorleiter im Gespräch“.[42]

Dass der Göttinger Knabenchor bereits bei seinem ersten Konzert für sich einnahm, gleichzeitig auch qualitativ steigerungsfähig war, verrät das Presseecho: Das Konzert „war ein verheißungsvoller Anfang“, bei dem die „Leistungen des Chores [...] technisch und musikalisch durchweg Format“ hatten. So wirkten „einige Unreinheiten im Chorklang“ störend, „die sich – offenbar bedingt durch eine gewisse Überbeanspruchung – in den letzten Nummern des Programms bemerkbar machten.“ Neben der stilistischen Vielfalt – man sang Werke von Schütz, Scarlatti, Homilius, Bruckner, Distler und Herzog – wurde ausdrücklich „die dynamische Spannweite und Reagibilität“ gelobt. Andererseits bemerkte der Rezensent ein „etwas übertriebenes Sachlichkeitsbedürfnis des Dirigenten, das seinen Ausdruck in allzu abrupten Schlüssen fand.“[43]

Nach diesen Worten war die Impulsivität Herzogs damals schon ein starkes Charakteristikum, gleichzeitig die dynamische Flexibilität und die Tendenz, bei großen Lautstärkegraden gelegentlich zu forcieren. Dass der Chor in seiner Tongebung keinesfalls als makellos beschrieben wurde, belegt nur das selbstverständlich vorhandene Entwicklungspotential.

Der Anfang des neuen Knabenchores war gemacht, noch dazu mit anspruchsvollem Repertoire. Und mit ihm wurden die Konzerte des Göttinger Knabenchors in St. Jacobi und anderen Kirchen der Stadt gewissermaßen zur Tradition – auch wenn diese zwischenzeitlich eher locker gehandhabt wurde.

Weitaus fester im kulturellen Leben Göttingens konnte sich der Chor mit der von Franz Herzog teils komponierten, teils zusammengestellten *Weihnachtsmusik* (FHWV 1) verankern. Jeweils in der Adventszeit fanden, bereits im Gründungsjahr des Chores, diese stark an Dresdner Kreuzchortraditionen – speziell der *Christvesper* Rudolf Mauersbergers – orientierten Aufführungen ebenfalls in Göttinger Kirchen statt. Die Idee war nichts Neues: Bereits während seiner Zeit als Dirigent des Städtischen Chores Peine hatte

Herzog eine erste Fassung erstellt und dort mehrfach aufgeführt. Die Anleihen am sächsischen Vorbild fanden in Göttingen nicht immer das Wohlwollen der Kritik, die zumindest einwarf, „ob nun die Mauersbergerschen Bearbeitung von ‚Joseph, lieber Joseph mein' oder der Satz ‚Schlaf wohl, du Himmelsknabe du' die Grenze zum ‚Schmalz' überschreitet". Dennoch wurde das Leistungsniveau hoch eingeschätzt: „Dem Chor ist zu bescheinigen, daß er diese schlicht-homophonen Sätze [...] weich, klangsatt und dezent gefühlvoll, mit einem Wort: makellos sang."[44]

So positiv diese Einschätzung war, bezog sie sich lediglich auf die Darbietung vergleichsweise einfachen Repertoires. Ein knappes Jahr später ließ Herzog mit einer ungewöhnlichen, expressiven und schwer zu bewältigenden Komposition aus eigener Feder aufhorchen – einem Projekt, das ihn mehrfach bis kurz vor seinem Tod beschäftigte: Seine sieben Gesänge nach Texten des Li-Tai-Pe, die er *Fluch des Krieges* nannte (FHWV 57a), konnte er zudem an prominenter Stelle des Göttinger Kulturlebens uraufführen. Da das städtische Symphonieorchester am 14. November 1963 wegen anderer Verpflichtungen nicht das gewöhnliche Abonnementskonzert in der Universitätsaula präsentieren konnte, trat an seiner Stelle der Göttinger Knabenchor, eben mit genannter Herzog-Komposition, auf.

Das Werk, aufgrund seiner stilistischen Geschlossenheit in der Presse gelobt, hatte nach der Uraufführung die intendierte Wirkung nicht verfehlt: Betroffenheit und Begeisterung dokumentiert bis heute der provisorische Konzertmitschnitt, wobei das Publikum, verglichen mit anderen Abonnementsveranstaltungen der Stadt, sehr dezimiert war. Die Presse fand deutliche Worte: „Eigentlich ist es ja eine Schande: kaum wird in Göttingen einmal ein Konzert veranstaltet, das vom üblichen Schema abweicht, gleich bleiben etliche Abonnenten zu Hause. Wirklich, man fragt sich, wie lange das Konzertpublikum in dieser Stadt [...] glaubt, musikalisch einzig zwischen Bach und Brahms ‚herumgrasen' zu können."[45] Dem Chor wurde bei diesem Konzert, das auch Bachs Motette *„Jesu, meine Freude"* enthielt, „ein deutlicher Fortschritt" bescheinigt, wobei Herzogs Stärke besonders in der „gefederten Rhythmik" und der Klangkultur liege.[46]

Der Göttinger Knabenchor hatte sich somit relativ schnell zu einem qualitativ anspruchsvollen Ensemble entwickelt, auch wenn „kontrollierte Atmung, genaue Aussprache der Endkonsonanten [und] adäquate Stimmkultur der Männerstimmen" noch zu wünschen übrig ließen. Er wurde allmählich zu einem Bestandteil des Göttinger Kulturlebens. Bei der Grundsteinlegung der Stadthalle war er genauso zu hören, wie man ihn knapp zwei Jahre nach seiner Gründung, am 2. September 1964, zur musikalischen Mitgestaltung der Stadthalleneinweihung verpflichtete.

Diese Niveausteigerung vollzog sich stets auf dem Hintergrund des gewöhnlichen gymnasialen Schulalltags, ohne die Einführung eines musischen Zuges oder gar einer Internatsstruktur. Solche, den musikalischen Ansprüchen gerecht werdenden Sonderstrukturen, wie sie für Internatsknabenchöre selbstverständlich sind, lagen am Felix-Klein-Gymnasium nicht vor. Herzog wollte diesbezüglich Änderungen herbeiführen, allerdings ohne Erfolg. Die Planung der ersten Konzertreise im Jahre 1964 sollte als außerstädtische Maßnahme den Druck erhöhen, bessere Arbeitsbedingungen in Göttingen zu schaffen.

Ein anspruchsvolles Programm wurde hierzu erarbeitet. Es enthielt u. a. die Messe für Knabenchor und Orgel, die *Missa brevis,* von Benjamin Britten, einem erst wenige Jahre zuvor entstandenen Werk, das manch große rhythmische und intonatorische Herausforderungen enthält. Daneben erklangen Gradualmotetten Anton Bruckners in fein ausgestalteter, dynamisch farbenreicher Interpretation und Bachs Motette *„Jesu, meine Freude"*. Werner Jahr war an der Orgel zu vernehmen.[47]

Die mehrtägige Reise führte ins benachbarte Hessen und Rheinland-Pfalz. Nachdem das Programm am 3. Oktober in der Jacobikirche dem Göttinger Publikum vorgestellt worden war, ging es am darauffolgenden Tag nach Friedberg, sodann nach Mainz und schließlich nach Frankfurt. Hier ereigneten sich die beiden Höhepunkte der Reise: Am 6. Oktober nahm der Chor die Britten-Messe im Großen Sendesaal des Hessischen Rundfunks in einer vierstündigen Sitzung auf. Am Abend des darauffolgenden Tages erfolgte das Abschlusskonzert: In der größten evangelischen Kirche Frankfurts, der Dreikönigskirche im Stadtteil Sachsenhausen mit einer anspruchsvollen Kirchenmusikpflege, führte man das Reiseprogramm auf, diesmal unter Mitwirkung des berühmten Bach-Interpreten Karl Richter an der Schuke-Orgel.

Obwohl das Konzert von langer Hand geplant war, verlief es nicht so erfolgreich wie vorausgesagt: Nur wenige Besucher fanden sich im Gotteshaus ein, obwohl intensive Ankündigungen vorausgegangen waren. Die geringe Bekanntheit des Chores ließ diese Veranstaltung wohl nicht besonders attraktiv erscheinen, und dies beim ohnehin großen kulturellen Angebot in Frankfurt. Auch wenn man die Werke sicherlich gut bewältigte, konnte die Botschaft nicht nach Göttingen mitgenommen werden, dass der Chor den städtischen Anforderungen entwachsen und zu Höherem berufen sei, daher auch als kulturelles Aushängeschild langfristig bessere Bedingungen antreffen müsse.

Herzogs chorische Ausbau-Intentionen an seiner Schule lasen sich ein gutes halbes Jahr später aus seiner Feder so: Der Göttinger Knabenchor singt „eine Literatur, wie wir sie von den berühmten Knabenchören [...] in herrlicher Vollkommenheit hören können. Es ist unser Ehrgeiz, diesen Vorbildern nachzueifern und sie zu erreichen. Freilich wird das kaum möglich sein, wenn nicht eines Tages ähnlich günstige Arbeitsbedingungen, wie sie die berühmten Internatschöre besitzen, auch hier geschaffen werden können. Eine von Ortsansässigkeit der Eltern unabhängige Auswahl geeigneter Jungen für den Chor ist eine ebenso wichtige Voraussetzung wie die tägliche Chorprobe und die ständige Ausbildung und Überwachung des Einzelnen durch einen erfahrenen Stimmbildner. Das heißt: man muß neue Organisationsformen finden und beträchtliche Geldmittel beschaffen. Ein gewisser organisatorischer Anfang ist gemacht mit der Planung eines musischen Zuges an unserer Schule."[48] Von diesen Zielen ließ sich weder das Chorinternat noch der musische Zug realisieren, und die Einbeziehung eines kontinuierlichen Stimmbildners war bereits zwei Jahre zuvor in die Tat umgesetzt worden. Allmählich richtete sich Herzog auf das vorhandene Potential ein, reizte es allerdings in diesem Rahmen bis zur absoluten Realisierbarkeitsgrenze aus.

Während des 75-jährigen Schuljubiläums fand am 10. Juli 1965 erneut eine begeisternde Aufführung der *Palmström-Suite,* diesmal in der Göttinger Stadthalle, statt. Und wenige Tage später schloss sich mit demselben Stück an selber Stelle die erste Schallplattenaufnahme des Göttinger Knabenchors an. Bis Herzog im Jahre 1980 die Leitung seines Chores niederlegte, sollten ihr noch acht weitere Schallplattenveröffentlichungen folgen.

Die Palmström-Aufnahme erfreute sich nicht nur bei den Plattenkunden wegen ihrer unverhofften, neuzeitlichen Klänge großer Beliebtheit. Sie stieß darüber hinaus eine musikpädagogische Diskussion an, bei der Herzogs neuer schulmusikalischer Weg vorbildlich eingeschätzt wurde.

Vorübergehende Kontinuität

Dass der Göttinger Knabenchor inzwischen nach seiner Beteiligung an der Stadthalleneröffnung für weitere Jahre, meist im Juni, zu einem Konzert eingeladen wurde, war eine begrüßenswerte Entwicklung und festigte den Standort im kulturellen Leben der Stadt. Allerdings war auch klar, dass entsprechend dem ehrgeizigen Naturell Herzogs, eine solche städtische Beachtung nicht genügen konnte.

Um die Qualität auf Dauer zu sichern bzw. zu steigern, führte Herzog ab Oktober 1966 Chorfreizeiten ein. Anders als zwei Jahre zuvor, war der Zweck dieser Reisen in bestimmte Jugendherbergen und Schullandheime nicht die Präsentation eines Konzertprogramms, sondern die intensive außerschulische Probenarbeit. Innerhalb einer Woche waren täglich zwei mehrstündige Proben (vormittags und nachmittags) zur effektiven Einstudierung angesetzt. Die ebenfalls tägliche, aktive, motivierende Freizeitgestaltung sorgte für den notwendigen Ausgleich und verstärkte die soziale Bindung im Chor. Das erstmals in der Jugendherberge auf Norderney durchgeführte Modell einer Probenfreizeit außerhalb Göttingens behielt Herzog seitdem nahezu jährlich bei, sodass regelmäßig die Möglichkeit bestand, sich intensiv auf Konzerte, Schallplattenproduktionen und spätere Auslandstourneen vorzubereiten.

Dass der Knabenchor in Göttingen regelmäßig überzeugend auftrat, blieb auch dem damaligen Leiter der Göttinger Händeltage (der späteren Festspiele) Günther Weißenborn nicht verborgen. Im Sommer 1967 präsentierte der Göttinger Knabenchor erstmals mit Händels *Cäcilienode* ein Werk bei den Händel-Tagen in der Einstudierung Franz Herzogs und unter Leitung von Alfred Mann. Daraus entwickelte sich eine 12-jährige Zusammenarbeit mit der Festspielleitung, wobei der Chor seinen „Einstand“ so überzeugend gab, dass er von nun an in der Regel bei den Oratorienaufführungen eingesetzt wurde. Abgesehen von zwei Ausnahmen in den Jahren 1971 und 1979, übernahm Herzog lediglich die Einstudierung, wobei Günther Weißenborn die Aufführung der Händel-Oratorien leitete.

Ein sehr erfolgreiches und ebenfalls für viele ehemalige Choristen unvergessenes Konzert[49] präsentierte eine Komposition, die Herzog in den folgenden Jahren noch häufig aufführen ließ: Am 19. November 1967 hörte man, erneut in der Stadthalle, Mozarts *Requiem* in einer äußerst emotionalen, expressiven Interpretation, deren Wirkung man sich kaum entziehen konnte.

Was für Publikum und Presse galt, ließ auch den Chor nicht unberührt. Ab der zweiten Aufführung 1969 wurden dem Ensemble neben den Chorpassagen alle solistischen Aufgaben mit ausgewählten Chorsolisten anvertraut. Auch wenn es im Vorfeld gerade auf der solistischen Ebene manche Unsicherheiten gegeben hatte, war der abschließende Gesamteindruck überzeugend.

Ein Jahr nach dem ersten Engagement des Göttinger Knabenchors bei den Händel-Festspielen waren auch und gerade in der Universitätsstadt die revolutionären Bewegungen, die sich in der Bundesrepublik anbahnten, spürbar geworden. Der neue freiheitliche Geist hielt auch in den universitären und schulischen Institutionen Göttingens Einzug. Im Felix-Klein-Gymnasium waren unruhige Zeiten angebrochen, was sich auch auf den Knabenchor auswirkte. Allein die Einrichtung eines solchen Chores galt inzwischen in den Augen mancher Schüler und ihrer Eltern als überholt, nicht mehr zeitgemäß, was zumindest vorübergehend einen leichten Rückgang der Mitgliederzahlen zur Folge hatte. Herzog war der schwere Stand, den er langfristig im aufrührerischen Schulklima mit seinem Chor haben würde, bewusst.

So suchte er nach neuen Wegen, um seine Chormitglieder zu motivieren. Ähnlich wie bereits 1956, als Herzog seine Palmström-Vertonung konzipierte, war es nun wieder eine eigene Komposition, die dem Göttinger Knabenchor bisher unvermutete Bereiche erschloss und ihn hochgradig begeisterte. 1968 schrieb Herzog sein erstes von zwei Bühnenwerken, die *Bremer Stadtmusikanten* (FHWV 40). Die geschickte theatralisch-thematische Aufteilung und das Libretto entwickelte er selbst, Gisela Krahmer schrieb die Dialogtexte. Bei der Uraufführung in der bis auf den letzten Platz gefüllten Weender Festhalle in Göttingen traten Chorsolisten, der Göttinger Knabenchor und der Komponist als Dirigent in Erscheinung, unterstützt durch Falk Zimmer am Klavier. Dieser war selbst Schüler des Felix-Klein-Gymnasiums gewesen und als Jugendlicher bereits ein im städtischen Rahmen angesehener Pianist. Herzog schätzte ihn sehr und ließ ihn häufig bei seinen Aufführungen mitwirken. Bis heute bleibt Falk Zimmer, der u. a. an zahlreichen Darbietungen des *Palmström* und des Chorwerks *Fluch des Krieges* beteiligt war, dem Ensemble als Klavierbegleiter treu.

Die Presse äußerte sich positiv zu diesem Experiment einer Märchenoper, das der Göttinger Knabenchor bisher noch nie durchgeführt hatte: „Bestimmt ist die Oper für diesen Chor, für seine Fähigkeiten und das Können der Solisten geschrieben, hoch in den Anforderungen an den einzelnen, an die Chorleitung." Neben der respektablen Leistung bemerkte man auch, wie ernst es Herzog mit diesem Werk war, wie wenig er den Märchenstoff auf Kindlichkeit hin vertont hatte: Jede Kindertümelei sei ausgeschlossen, somit handele es sich um „keine Kinderoper, sondern eine für junge Sänger". Die überzeugende Sing- und Darstellungsfähigkeit der Chorsolisten waren besonders aufgefallen: „Das Vertrauen auf das solistische Können einiger Chormitglieder, das ja den Anstoß zur Entstehung der Märchenoper gab, wurde in keinem Fall enttäuscht, ja, sogar auf eindrucksvolle Weise übertroffen. [...] Es machte Spaß, zuzuhören und zuzuschauen. Für große und kleine Musikliebhaber ein heiteres, ein wirkliches Genießen."[50]

Die Aufführung war so erfolgreich, dass unmittelbare Wiederholungen erbeten wurden. Leider konnten diesen Wünschen Chor und Dirigent zunächst nicht nachkommen, da man sich gerade in diesen Tagen der *Stadtmusikanten*-Uraufführung auf ein weiteres Großereignis vorbereitete. Doch im März des folgenden Jahres kam es zu zwei Wiederholungen der Märchenoper in neuer Fassung in Göttingens Stadthalle.

Das angedeutete Großereignis war ein unvergessliches Konzert: Man gastierte am 21. Dezember zum bisher einzigen Mal im Großen Saal der Meistersingerhalle Nürnberg mit einem Weihnachtskonzert, zusammen mit den Nürnberger Symphonikern unter Leitung seines Dirigenten Othmar M. Mága. Über ihn, der wenige Jahre zuvor Orchesterleiter in Göttingen gewesen war, kamen Kontakt und Einladung zustande. Chor und Orchester musizierten gemeinsam Werke Händels und Mozarts, während Auszüge aus dem weihnachtlichen A-cappella-Repertoire des Göttinger Knabenchors ebenfalls erklangen. Noch heute ist diese besondere, spannungsgeladene und gleichzeitig emotional anrührende Atmosphäre vor etwa 2000 Zuhörern manchen damaligen Chormitgliedern in bleibender Erinnerung.[51]

Im folgenden Jahr, 1969, führte man in Göttingens Stadthalle die Oratorien *Die Jahreszeiten* von Joseph Haydn und (im Rahmen der Händelfestspiele) *Joseph und seine Brüder* von Georg Friedrich Händel auf, darüber hinaus die Musik zu *Ein Sommernachtstraum* von Felix Mendelssohn Bartholdy, ganz abgesehen von den schon erwähnten zwei Wiederholungsveranstaltungen der *Bremer Stadtmusikanten* – der Göttinger Knabenchor war stark beansprucht.

Unverändert drang sein Dirigent darauf, das Ensemble aus dem bisherigen Umfeld herauszulösen; anderen anspruchsvollen, nach 1945 gegründeten westdeutschen Knabenchören, wie dem Windsbacher oder dem Tölzer Knabenchor, sollte es in der öffentlichen Wahrnehmung ebenbürtig sein. Heinz Müller, damaliger niedersächsischer Landtagsabgeordneter und Vorsitzender des Programmbeirats der ARD, setzte sich für ihn ein und erreichte, dass sich das Fernsehen des Norddeutschen Rundfunks für den Göttinger Knabenchor interessierte. Man einigte sich auf die Produktion eines A-cappella-Weihnachtsprogramms, das während der Adventssonntage und als längere Weihnachtssendung am Heiligen Abend des Jahres 1969 ausgestrahlt wurde. Die vorgesehenen Sätze aus Herzogs *Weihnachtsmusik* stellten keine Überforderung dar. Wohl war der dreifach geteilte Produktionsprozess zwischen Oktober und November 1969 (zunächst Ton-, dann Filmaufnahmen in Göttingen, Einbeck und Northeim) eine bisher unbekannte Herausforderung hinsichtlich Konzentration und Professionalität. NDR-Redakteur Hans-Eberhard Pries bescheinigte dem Chor nach Produktionsende vorzügliches Singen und „hervorragende Disziplin".[52] Übrigens wirkte sich für den äußerlich souverän agierenden Franz Herzog eine Produktionsbedingung eher kreativitätshemmend aus: Seine Dirigierbewegungen mussten bei der Fernsehaufzeichnung aus kameratechnischen Gründen isoliert im Play-back-Verfahren produziert werden. Herzog empfand es als äußerst unangenehm, zu einer aus dem Lautsprecher zugespielten Aufnahme, unabhängig davon, dass sie unter seiner eigenen Leitung gefertigt worden war, synchrone Dirigierbewegungen vor der Kamera zu vollführen.[53] Diese Episode wäre nicht erwähnenswert, wenn sich anhand ihrer nicht der stets spontane, aus dem Augenblick heraus entstehende, intuitive Interpretationsansatz symptomatisch zeigte.

Die Ausstrahlung der Fernsehaufnahmen ließ viele, mehrheitlich positive Reaktionen folgen. Für das Ensemble schien eine neue Zeit angebrochen zu sein, in der neben Hörfunk- und Schallplattenaufnahmen nun regelmäßig das Fernsehen anfragen würde – eine Fehleinschätzung! So sehr sich Herzog einsetzte, bestand von Seiten des Rundfunks kein Interesse, den Göttinger Knabenchor als regelmäßigen Produktionspartner zu betreuen. Einladungen ergingen an den NDR und – wegen des Opernsujets – auch an Radio Bremen zur Aufführung der *Bremer Stadtmusikanten* im Deutschen Theater Göttingen.[54] Eine „Chorsendung zum Sommeranfang" schlug Herzog vergeblich dem NDR vor,[55] stellte an den Sender schließlich lediglich die Bitte, „Rundfunkaufnahmen mit dem Göttinger Knabenchor zunächst einmal grundsätzlich in Betracht zu ziehen" und möglicherweise eine „Gruppe Sommerlieder" produzieren zu wollen. Strategisch etwas unklug, stellte er sein Ensemble mit den bekanntesten westdeutschen Knabenchören (Windsbacher Knabenchor, Regensburger Domspatzen, Stuttgarter Hymnus-Chorknaben) auf eine Qualitätsstufe.[56] Die abweisende Antwort des Programmdirektors folgte: Es sei „außerordentlich schwierig […], freie Knabenchöre zu beschäftigen, da wir vertraglich an unseren Knabenchor[57] gebunden sind." Ein „offenes Wort über den Göttinger Knabenchor" machte schließlich alle Hoffnungen zunichte: „Unsere Fachleute haben die Aufnahmen, die hier vorliegen, abgehört und festgestellt, daß sie eben doch nicht in vollem Umfang unseren Ansprüchen genügen."[58] Herzog verlangte daraufhin Aufklärung: „Ihr offenes Wort [...] läßt uns insofern aus allen Wolken fallen, als es gerade der Zuspruch deutscher und internationaler Fachleute gewesen ist, der uns sicher machte in einer weit besseren Beurteilung des Göttinger Knabenchors".[59] Triftige Gründe für das negative Urteil wurden nicht dargelegt, und so kam es zu keiner weiteren NDR-Fernseh- oder Hörfunkproduktion, abgesehen von den Mitschnitten des Senders im Rahmen der Göttinger Händelfestspiele. Eine im Oktober 1970 beim Hessischen Rundfunk entstandene Aufnahme mit Mozartschen Offertorien knüpfte zwar an alte Verbindungen an, setzte aber die Beziehung nicht fort.

Auch aufgrund solcher Vorgänge waren dem Göttinger Knabenchor vergleichsweise enge Grenzen der künstlerischen Entfaltung und der Popularität gesetzt, die er nicht zu sprengen vermochte. Manch ungeschickten, da qualitativ leicht übertreibenden Argumentationen Herzogs zum Trotz, wäre ihm ein stärker förderndes Klima zu wünschen gewesen. Dies alles geschah zudem in einer Situation, die den Fortbestand des Knabenchores in Zweifel zog und an dessen Substanz ging: Mit Beginn des Schuljahres 1970/71 wurde am Felix-Klein-Gymnasium die Koedukation eingeführt, womit die Schule ihren Status als Jungengymnasium verlor und die Auswahlmöglichkeiten für gute Sänger auf die Hälfte zusammenschmolzen. Auch wenn der Chor längst einen anderen Namen trug, war er doch bis zu diesem Zeitpunkt strukturell eng mit dem Felix-Klein-Gymnasium verknüpft und eigentlich dessen Schulchor mit wenigen auswärtigen Mitgliedern geblieben. Nun konnte an diesem Status nicht mehr festgehalten werden, stärker als bisher war eine Profilierung nötig, um den Chor für gesangsbegabte Jungen anderer Gymnasien attraktiv zu machen. Herzog fürchtete offen um den Bestand: „Tatsächlich habe ich im Augenblick manche Sorge, was die Organisationsform unseres Göttinger Knabenchors betrifft, aber auch Vorstellungen, wie sich ohne großen Aufwand manche Erleichterung unserer Arbeit und eine Stabilisierung für die Zukunft erreichen ließe."[60] In welche Richtung diese Vorstellungen gingen, ließ er offen, doch neue Wege mussten beschritten werden – durchaus unter Einschluss von Zuspitzung und Provokation.

Auch im Sommer 1971 beteiligte sich der Göttinger Knabenchor an den Händelfestspielen seiner Stadt, nun aber nicht durch die Mitwirkung bei einer Oratorienaufführung, sondern mit einem eigenen Projekt, das aufgrund seines alternativen, ironischen und provokanten Ansatzes großes

Aufsehen erregte. Was der Göttinger Knabenchor am 6. Juli des Jahres in der Stadthalle präsentierte, war das von Franz Herzog geschaffene *Händel-Historical* (FHWV 41). So etwas hatte das ortsansässige Publikum noch nie erlebt. Zudem wurde mit ihm ein ehrwürdiger Anlass, das 40-jährige Bestehen der Göttinger Händelgesellschaft, begangen, wodurch Teile des Publikums irritiert waren. Das Werk mit seinen zahlreichen ironischen Anspielungen, musikalisch verzerrten Zitaten und wirkungsvollen Inszenierungen – einschließlich einer Massenprügelei des Chores auf offener Bühne – erzeugte eine aufrüttelnde Atmosphäre.

Ein wichtiger Schritt der Neudefinition des Chores war der internationale Austausch mit anderen Ensembles, so etwa die Begegnung mit dem New Yorker Long Island Youth Orchestra, das im Juli 1971 auf Einladung des Knabenchors in Göttingen gastierte. Diese Zusammenarbeit war der Beginn einer musikalischen Beziehung, die ein Jahr später zur ersten Auslandsreise des Knabenchors in die USA führte. Die intensive Vorbereitung des Reiseprogramms nahm die komplette zweite Jahreshälfte 1971 in Anspruch, wurde es doch im kommenden Januar in Helmstedt voraufgeführt. Während der bevorstehenden Osterferien fand die USA-Tournee statt.

Von nun an wurden jährliche Auslandsreisen unternommen, die den Chor nach Schweden, Polen, Frankreich, in die Schweiz und nach Großbritannien führten. Kontakte mit dortigen Ensembles und deren Gegenbesuche in Göttingen waren selbstverständlich. Der Göttinger Knabenchor war „international" geworden.

Der mittlerweile etablierte Jahresrhythmus wurde mehr oder weniger beibehalten: Die Beteiligung als Oratorienchor bei den Göttinger Händelfestspielen war die Konstante des Jahres, an der sich alle weiteren Termine auszurichten hatten. Daneben standen regelmäßige Auftritte in der Stadthalle. Vor allem Mozarts *Requiem* erklang hier häufig zusammen mit dem Göttinger Symphonie-Orchester. Daneben wurde der Chor kontinuierlich von seiner Stadt als Ensemble für außerordentliche Festveranstaltungen und das Advents- und Weihnachtssingen im Dezember jeden Jahres verpflichtet.

Zu diesen städtischen Aufgaben traten die wiederkehrenden chorinternen Höhepunkte. Während die Chorfreizeiten der optimalen Vorbereitung und Intensivierung des sozialen Zusammenhalts dienten, waren die Auslandsreisen jedes Mal eine neue organisatorische und musikalische Herausforderung. Wenn darüber hinaus noch Zeit blieb, wurden etwa Schallplatten produziert.

In dieser Kontinuität hätte Franz Herzog den Göttinger Knabenchor wahrscheinlich noch über Jahre weiterführen können. Doch spätestens zum Ende der 1970er Jahre musste ihm klargeworden sein, dass die Entwicklung des Chores in der bestehenden Konstellation an natürliche Grenzen stieß, was vor allem an der fehlenden Unterstützung lag, ihn institutionell besser auszustatten. Allmählich hatte sich nicht nur der beschriebene Jahresablauf eingerichtet, zunehmend wurde auch deutlich, wie wenig sich künstlerisch noch entwickeln ließ.

Ein Brief des Kruzianerfreundes Hans Thamm, des Gründers und Leiters des Windsbacher Knabenchores, könnte Herzog erstmals mit dem Gedanken konfrontiert haben, die Chorleitung aufzugeben. Sehr frustriert schrieb der erst 56-jährige Thamm nach Göttingen: „[...] ich bin nicht gewillt, meine Kräfte für eine sinn- und aussichtslos gewordene Sache zu opfern. [...] Weder diese Kirche noch diese Gesellschaft sind es wert, einen leistungsorientierten geistlichen Knabenchor zu besitzen. Die Zukunft gehört den ‚Showboys'. Dafür jedoch sind mir die Kinder zu wertvoll. [...] Der Kurs stimmt schon längst nicht mehr. Nur bin ich nicht bereit, in die falsche Richtung mitzulaufen. Mir kann Kirche und Kultur gestohlen bleiben."[61] Mit diesen verbitterten Sätzen spielte Thamm u. a. auf die vergeblichen Versuche an, den Chor institutionell der Nürnberger Lorenzkirche anzugliedern; dieses Ansinnen verhinderte die Landeskirche in München. Seinen Worten ließ er bald Taten folgen: Bereits 1978 legte er nach 32 Jahren sein Amt nieder und übergab es an Karl-Friedrich Beringer.

Zunehmend von gesundheitlichen Problemen geplagt, sah sich Herzog gezwungen, für den weiteren Fortbestand seines Knabenchores noch mehr Energie als bisher aufzuwenden. So trat er im August 1979 in den vorzeitigen Ruhestand als Gymnasiallehrer, um sich ausschließlich der Chorarbeit widmen zu können.

Auch wenn im darauffolgenden Monat eine Konzertreise nach England durchgeführt wurde, der Chor unverändert bei offiziellen städtischen Anlässen zu hören war und im Mai 1980 der Dresdner Kreuzchor unter Martin Flämig der Einladung nach Göttingen folgte, schien das Renommee des Göttinger Knabenchors abzunehmen: Eigene Rundfunkaufnahmen fanden nicht mehr statt, daneben verlor man den Posten des Händelfestspiel-Oratorienchors und damit ein Stück überregionaler Ausstrahlungskraft.[62]

Der Anfang vom Ende der jährlichen Festspielbeteiligung war eine tragischerweise gut gemeinte Entscheidung des bald ausscheidenden Leiters Günther Weißenborn. Er hatte aufgrund seiner Wertschätzung dem

Göttinger Knabenchor, der sich bei ihm „rundherum […] bewährt“[63] hatte, am 14. Juni 1979 im Rahmen der Festspiele ein eigenes Konzert mit Händel-Werken in der stadtbildprägenden Johanniskirche, gemeinsam mit dem Hamburger Mozart-Orchester, eingeräumt. Parallel wurde allerdings auf Initiative des damaligen Kulturdezernenten und Vorsitzenden der Händelgesellschaft, Friedrich Riethmüller, die St.-Jacobi-Kantorei unter ihrem Kantor Arwed Henking kurzfristig zur Beteiligung am Oratorium *Semele* herangezogen.[64] Unabhängig davon, dass diese Maßnahme – für Weißenborn eine „reine Notlösung“[65] – noch ein Jahr später zu Missverständnissen und Verärgerungen Herzogs führte,[66] waren nun die Weichen einer neuen chorischen Konstellation gestellt. Der Knabenchor wurde ungewollt seiner Aufgabe als zuverlässiger Oratorienchor der Händelfestspiele entzogen. Zudem schuf 1981 Weißenborns Nachfolger John Eliot Gardiner mit seinen eigenen Ensembles ohnehin neue Verhältnisse.

Zuvor holten die schulisch-organisatorischen Realitäten Herzog ein: Das bereits 1976 eingeführte Kurssystem der Oberstufe betraf ausschließlich den Schulalltag, aber nicht den Chor. Anders sah es vier Jahre später aus, als in Göttingen die Orientierungsstufe etabliert wurde und damit alle 5. und 6. Klassen der Stadt an externen Orientierungsschulen unterrichtet wurden. So war dem Chor seine Basis genommen, der Nachwuchs musste außerhalb der Gymnasien gewonnen werden.

Mit dieser Verschärfung chorischer Arbeitsbedingungen hatte Herzog nicht gerechnet und war an diesem Punkt der über Jahre bereits sich abzeichnenden Negativentwicklung nicht mehr bereit, die Zustände zu akzeptieren. Hinzu kam mit dem Bescheid, dass eine erneute Chorreise nach Polen aus finanziellen Gründen seitens der Gastgeber nicht stattfinden konnte, ein weiterer Tiefschlag. Bereits im Herbst 1980 zog sich Herzog von der Chorarbeit zurück. Nach einem knappen Jahr des Übergangs ging die Leitung vollständig an Torsten Derlin über.

Wann eine Ausschreibung zu Herzogs Nachfolge, verfasst vom Förderverein für den Göttinger Knabenchor, erfolgte, ist auf den Tag genau nicht zu sagen. Sie kursierte 1980 innerhalb des Bundesgebiets. In ihrer Mischung aus Weltbedeutung und Bescheidenheit war sie ein erneutes Dokument für die von Herzog vorgegebene, teils widersprüchliche Auffassung: Während der Chor als „qualifizierter Konzertchor“ von hoch anspruchsvollem, internationalem Format dargestellt wurde, sollte der Nachfolger lediglich „ein Musikstudium abgeschlossen haben und befähigter und passionierter Chorleiter sein.“[67] Dass diese Tätigkeit eher mit Arbeit als Lohn verbunden war, wurde daneben unmissverständlich klar: „Die Honorierung ist angemessen, sollte aber nicht das Hauptmotiv der Bewerbung sein."[68] Die Ausschreibung löste nur geringe Resonanz aus.[69] Im September des Jahres meldete sich u. a. Werner Schniepper, administrativer Leiter der Knabenkantorei Basel, die mit dem Göttinger Knabenchor gute Kontakte pflegte und ebenfalls auf der Suche nach einem Nachfolger war. Selbst die in diesem Schreiben vorgeschlagenen drei Chordirigenten aus Wiesbaden, Staufen und Berlin, die sich in Basel vorgestellt hatten,[70] standen offensichtlich für den Göttinger Knabenchor nicht zur Verfügung oder bekamen den Posten nicht zugesprochen. So entschied man sich im Einvernehmen zwischen Franz Herzog und dem Förderverein des Chores für eine besondere Konstellation. Drei ehemalige Knabenchormitglieder sollten getrennt voneinander die künstlerischen und organisatorischen Belange des Chores betreuen: Torsten Derlin, der zu diesem Zeitpunkt in Hannover Musik studierte, übernahm das Dirigat, während sich Olaf Harmsen den Männerstimmen widmete und Udo Roestel das Außermusikalische im Auge hatte. In die Entscheidungsprozesse brachte sich Herzog nicht mehr ein.

Die letzten Jahre

Nach der Niederlegung der Chorleitertätigkeit zog sich Herzog fast vollständig ins Privatleben, in sein Haus im Gleichener Stadtteil Benniehausen zurück. Sein Abschied vom Dirigat des Göttinger Knabenchores, den er in sehr gutem Zustand den Nachfolgern übergeben hatte, war nicht verbittert.[71] Vermutlich fühlte er sich, auch in Anbetracht zunehmender gesundheitlicher Probleme, erleichtert, die großen Anforderungen, welche er an sich und den Chor stellte, nicht mehr erfüllen zu müssen.

In den letzten Lebensjahren entstanden weitere bemerkenswerte Kompositionen. Dabei ging Herzog an die Anfänge als Komponist in Dresden zurück und schrieb mehrere Kunstliedzyklen. Zwei davon, mit jeweils heiteren und tragischen Textvorlagen, entstanden 1983 für den befreundeten weltbekannten Tenorsolisten und ehemaligen Kruzianer Peter Schreier. Daneben widmete sich Herzog erneut der Kammermusik und fertigte außerdem eine weitere Umarbeitung seines Chorzyklus *Fluch des Krieges* für eine Göttinger Aufführung an.

Das abschließende Werk, welches man aufgrund seines hohen geistigen und künstlerischen Anspruchs als Opus magnum bezeichnen kann, entstand 1985, eine Komposition für Bariton, Chor und großes Orchester –

Cruycifixus. Et resurrexit. Dona nobis pacem (FHWV 5). Das Werk wirft ein bemerkenswertes Licht auf die weltanschauliche Sicht Herzogs: Galt er manchen als der Kirche entfremdet, zeigt sich in diesem Werk eine letztlich vorhandene religiöse Seite in seinem Inneren. Am 28. Februar 1986 starb Franz Herzog in Göttingen; sein großes geistliches Finalwerk erhielt erst elf Jahre später mit dem Göttinger Knabenchor unter einem seiner Nachfolger, Stefan Kaden, die Uraufführung.

Der Chordirigent

Frühes Talent

Bereits in der Kreuzchorzeit zeichnete sich Franz Herzogs Begabung als Chordirigent ab, hatte er doch ungewöhnlicherweise drei Jahre lang die Position des 1. Chorpräfekten inne. Wie sehr er währenddessen künstlerisch reifen konnte, verrät der Blick auf das einstudierte Repertoire. Sukzessive steigerte sich das Niveau, von ersten kleineren Chorsätzen über romantische Werke von Mendelssohn und Brahms bis zu Bach-Motetten. Schließlich erklang unter seiner Leitung 1937 die *Deutsche Motette* von Richard Strauss für 16-stimmigen Chor a cappella, die zuvor bereits Richter und Mauersberger auf's Programm gesetzt hatten. Noch 47 Jahre später schrieb rückblickend der ehemalige Kruzianer Herbert Kunath an Herzog: „Mein Gott, was haben wir damals gemacht. Und was hast Du Dir zugetraut!!"[72]

Auch im anschließenden Musikstudium, das Herzog zum Chordirigenten, Kapellmeister und Komponisten ausbildete, fiel seine Fähigkeit auf, die Ausführenden von seinen musikalischen Vorstellungen zu begeistern.

Erste kontinuierliche Erfahrungen

Diese Begeisterungsfähigkeit blieb nicht auf die Ausbildungszeit beschränkt und wird von Chorsängern bestätigt, die in Peine und Göttingen unter seiner Leitung gesungen haben. Stets forderte er ein hohes Leistungsniveau, das über bisher Gewohntes hinausging. Dies blieb auch dem Rundfunk nicht verborgen. So entstanden mit dem Städtischen Chor Peine und der Göttinger „Cäcilia" Produktionen, die noch heute ein interessantes Bild von den Klangvorstellungen Herzogs vermitteln.[73] Die Interpretation meist frühbarocker und moderner Werke – letztere auch aus der Feder des Dirigenten – fallen noch vergleichsweise verhalten aus. Temposchwankungen bilden eine Ausnahme, und die dynamische Differenzierung ist überschaubar. Allerdings ist die offensichtliche Beteiligung, das Engagement der Choristen mit gleichzeitiger rhythmischer Präzision deutlich hörbar. Hier wirkte sich also bereits die Impulsivität des Chordirigenten unmittelbar auf die musikalische Darstellung aus.[74] Klangliche Klarheit strebte Herzog in diesen Aufnahmen ebenfalls an, wobei sich die spätere Schärfe seiner Knabenchöre noch nicht abzeichnet. Doch ein solch strahlender Männerchorklang wie derjenige der „Cäcilia" Göttingen unter seiner Leitung ist bemerkenswert.[75]

Am Felix-Klein-Gymnasium

Herzog kam ab 1953 als Musiklehrer die Aufgabe zu, das Schulorchester am Felix-Klein-Gymnasium zu leiten und einen neuen Chor aufzubauen. Diese Initiativen wurden vom damaligen Direktor Hans Deneke ausdrücklich gefördert, besonders stark dann durch dessen Nachfolger ab 1963, Fritz Focke. Da Herzog alle 5. Klassen in Musik unterrichtete, war er über die stimmliche Qualität der Jüngsten von Beginn an informiert und animierte viele zum Eintritt in den Chor. Zudem erhielt er von seinen 22 Wochenstunden allein 5 Stunden für die Chor- und Orchesterarbeit. Letztere stellte er spätestens 1969 ein.

Es ist erstaunlich, wie diese Planungen von der Schulleitung und dem Lehrerkollegium weitgehend akzeptiert wurden und nach 1962 die übrigen Gymnasien Göttingens logistisch einbezogen werden konnten. Offenbar war es Herzog gelungen, mit großem Selbstvertrauen und Charisma alle Beteiligten für seine ehrgeizigen Ziele eines leistungsstarken Knabenchores zu begeistern. Allmählich kristallisierte sich eine beibehaltene Struktur heraus: Vormittags wurden, über die Woche verteilt, Einzelproben der Jahrgänge 5–8 durchgeführt, wobei für diese Proben jeglicher Unterricht in der betreffenden Jahrgangsstufe blockiert war – ein weiteres bemerkenswertes Zugeständnis für den Chor. Mittwochs probte in der 6. Stunde der Männerchor, und samstags trafen sich nach der Knabenchorprobe, die in der 5. Stunde stattfand, alle Choristen zur Gesamtprobe.

Probenarbeit

Neben dieser zeitlich starken Inanspruchnahme von Schule und Chormitgliedern kamen Herzogs Probenweise und seine Persönlichkeit als wesentliche Faktoren hinzu, ohne die das vergleichsweise hohe künstlerische Niveau kaum hätte erreicht werden können. Herzog war aufgrund der Ausstrahlung und fachlichen Souveränität ein wirklicher Motivator und verstand es, seine Chorsänger pädagogisch geschickt zu großen Leistungen anzuspornen. Er führte seinen Chor mit großer Spontaneität, mit „sehr viel Herz und Einfühlungsvermögen", und war „in der Sache streng und konsequent"[76]. Spontan war der Chorleiter auch in musikalischer Hinsicht, und dies vor allem am Flügel, von dem er jede Probe aus leitete. So konnte es passieren, dass er, ein „meisterhafter Pianist",[77] auf der Grundlage eines gerade einzustudierenden Werks spontane Improvisationen am Klavier durchführte und so die Partitur stilistisch stark verfremdete oder „aus dem

Stand" zur Demonstration eine vergleichbare Parallelstelle eines völlig anderen Musikstücks anspielte. Durch solch wendige Verdeutlichung am Instrument waren die Chorsänger ebenfalls gebannt. Dieses Vorgehen wurde sicher nicht strategisch angewandt, sondern war direkter Ausdruck eines allumfassenden Musikverständnisses, in dem schon in den 1950er Jahren die Klassik genau so ihre Berechtigung hatte wie neueste Jazzströmungen.

Allumfassend war nicht nur Herzogs Verhältnis zur Musik, sondern auch sein Blickkontakt, den er während Probe und Konzert den Chorsängern regelmäßig zuteil werden ließ. Dies trug ebenfalls zu erhöhter Aufmerksamkeit aller Beteiligten bei.

Was die Proben besonders effektiv machte, war Herzogs Umgang mit der Einzelstimme: Das Vorsingen verschiedener Passagen durch einzelne Chormitglieder war im Probenprozess gängige Praxis und konnte einem Choristen jederzeit bevorstehen. Dieses Verfahren garantierte maximale Aufmerksamkeit und ermöglichte dem Dirigenten eine dauernde Stimmenkontrolle. „Jeder wurde abgehört",[78] erinnert sich ein Chorist. Zustimmung und Kritik Herzogs folgten unmittelbar, wobei sie – jedenfalls meistens – nicht persönlich gefärbt waren, sondern von der musikalischen Leistung abhingen. Eine besondere Art der Motivationssteigerung bestand im Spenden eines „Ehrengroschens" bei besonders guten Einzeldarbietungen. Gelegentlich wurden auch mehrere Choristen zu solistischen Ensembles zusammengefasst, die meist am Ende einer Probe sich im gemeinsamen Singen bewähren mussten. Später ging Herzog dazu über, am Probenbeginn 5–10 Minuten Einsingen für den gesamten Chor einzuplanen.

Jedes neu zu erarbeitende Stück wurde systematisch bewältigt: Nachdem in den Teilchorproben Wesentliches vorstudiert war, wurden in der Gesamtprobe Passagen von wenigen Takten Länge zunächst in Knaben- und Männerchor getrennt, dann gemeinsam gesungen.[79] Daraufhin bezog Herzog die musikalische Gestaltung ein, verlegte sie also nicht auf einen späteren Zeitpunkt, „nachdem die Töne sitzen".[80] Seine bereits beim Städtischen Chor Peine erprobte Methodik setzte er auch in Göttingen um: Jeden Aspekt des Chorklangs (Intonation, Stimmtimbre, Aussprache, Rhythmik, Dynamik) feilte er parallel aus, „alles war ihm gleich wichtig".[81] Innerhalb dieser Aspekte hatten allerdings die beiden erstgenannten oberste Priorität.[82] Diese gründliche, sukzessive, umfassende Einstudierungsweise führte dazu, dass sich bis heute ehemalige Choristen an manch hochkomplizierte Singstimmen der Chorwerke notengetreu erinnern können.[83]

Während der Probenarbeit legte Herzog Wert darauf, seine Anweisungen nicht zu notieren und stattdessen zu memorieren. Er hielt die Chorsänger an, früh „über die Noten" zu kommen und sich ganz seinem Dirigat und etwaigen situationsabhängigen Interpretationsänderungen zu überlassen. Neben der maximalen Flexibilität bewirkte dieses Vorgehen auch eine größere Klarheit und Direktheit des Chorklanges.

Die Aufstellung innerhalb der Stimmgruppen verlief nach klanglichen Gesichtspunkten, so dass sich herbe und weiche Timbres optimal mischten – ein Verfahren, das Herzog aus seiner Kreuzchorzeit von Mauersberger bekannt war. Neu hinzukommende Chormitglieder wurden zwischen zwei erfahrene Sänger derselben Stimmlage gesetzt, um von Beginn an „mitgezogen" zu werden.

Das Probenklima war leistungsorientiert und schwungvoll, in dem jeder die Wichtigkeit des eigenen Engagements für die Gesamtleistung des Chores spürte. Nie wurde dabei die Grenze zum Drill, zur Überperfektion überschritten. So sehr an Details beharrlich gefeilt wurde,[84] ging es Herzog im Zweifelsfalle mehr um eine engagierte, emotional ergreifende Interpretation, als sich zu sehr auf sprachliche und intonatorische Einzelheiten zu fokussieren. Dies läuft auch parallel zum eher natürlichen, ungezwungenen Eindruck, den Fotos vom Auftreten des Schulchors und des Knabenchors vermitteln. Zu jedem Konzert fand im Aufführungsraum eine Hauptprobe und schließlich die Generalprobe statt. Wenn Herzog die Räumlichkeiten unbekannt waren, absolvierte er unmittelbar vor der Hauptprobe effektive Stellproben zur optimalen Chorplazierung.

Diese Praxis behielt Herzog während seiner gesamten Zeit als Knabenchordirigent bei. Daneben war er lange bemüht, die chorischen Arbeitsbedingungen zu optimieren, im Sinne derjenigen Ensembles, die ihm Vorbild waren. So groß auch der Ehrgeiz war, leistungsstarken Internatsknabenchören „nachzueifern und sie zu erreichen",[85] ließen sich die Ziele nur bedingt umsetzen. Ein musischer Zug wurde genauso wenig eingerichtet wie ein Internat. Allerdings kam 1963 bereits die Frage regelmäßiger Stimmbildung auf. Eine Chorfreizeit im Mai des Jahres in Veckerhagen gab den Anstoß: An dieser Freizeit war auch Gerhard Schmidt-Gaden, Chordirigent, Stimmbildner und Gründer sowie Leiter des Tölzer Knabenchores, beteiligt. Seine dort durchgeführten Stimmbildungsübungen brachten dem Göttinger Knabenchor große klangliche Verbesserungen, sodass Herzog die dauerhafte Einbeziehung eines Stimmbildners sinnvoll und dringlich erschien. Anfangs übernahm der kurz vor seinem Studium stehende Chorist und spätere Sänger Jörg Vorpahl diese Aufgabe. Sie ging 1964 an den Stimmbildner Felix Dolling über. Er war ehemaliger Wiener Sängerknabe, ausgebildeter Opernsänger und langjähriger Oberspielleiter in Flensburg gewesen und leitete in seinem Ruhestand die Göttinger Studio-Oper. Jeder Chorist bekam bei ihm wöchentliche Gesangsunterweisung und verließ zu diesem Zweck die Chorprobe. Außerdem wurden die Männerstimmen häufig zur Mitwirkung in Dollings Studio-Oper herangezogen, wodurch sie sich zusätzlich stimmlich und in theatralischer Darstellung üben konnten. So gelangte der Göttinger Knabenchor schnell zu größerer Klangpracht sowie stimmlicher Flexibilität und Kraft. Allerdings wird eine Folge der Maßnahmen durch Dolling auch das sich steigernde Vibrato im Chorstimmentimbre gewesen sein.

Weitere Veränderungen in der Probenpraxis ab Mitte der 1960er Jahre sind rückblickend als Kompensation zu verstehen, um innerhalb der vorhandenen Strukturen eine chorische Qualitätssteigerung zu erreichen. Und im Hintergrund stand selbst dabei das Ziel, langfristig einen Internatsbetrieb oder eine musische Ausrichtung der Schule aufgrund der hohen Leistungen zu erzwingen – eine Strategie, die nicht aufging.

Seit 1966 wurden beinahe jährlich etwa einwöchige Chorfahrten in verschiedene Jugendherbergen und Landschulheime durchgeführt. Sie dienten primär intensiver Probenarbeit, die täglich morgens und nachmittags stattfand. Zusätzlich veranstaltete Herzog von Beginn an tägliche Spieleabende, wobei er die meisten und besten Spiele erfand. Pädagogisch geschickt, dienten sie nicht nur der allgemeinen Belustigung. Sie bezogen intonatorische, phonetische, hörerzieherische und kreative Aspekte mit ein. Spielerisch wurde also selbst hierbei effektive Chorarbeit betrieben, was kaum einem Choristen aufgefallen sein dürfte! Während der Chorfahrten wurde zudem ein Verfahren erfolgreich erprobt, das ab 1972 bei den jährlichen Konzertreisen ebenfalls zur Anwendung kam – das Familienprinzip: Der Chor wurde in mehrere Gruppen aufgeteilt, wobei in jeder Gruppe 2 „Eltern“ (d. h. 16–18-Jährige) und ihre jüngeren 4–6 „Kinder“ zusammengefasst waren, wobei die Älteren die Verantwortung für die Jüngeren trugen.

Durch die Erfolge des Göttinger Knabenchors motiviert, wurde ab 1967 eine weitere Verbesserung der Chorarbeit möglich mit der Einführung zweier zusätzlicher Termine für je eine Knaben- und Gesamtchorprobe am Donnerstagnachmittag. Herzog standen somit neun Stunden pro Woche für die Probenarbeit zur Verfügung.

Repertoire

Für Herzog war stets die A-cappella-Literatur die Basis. Dabei war er Realist genug, ausgewählte Werke in häufiger Wiederkehr einzustudieren; eine fortwährende Programmerweiterung hätte bei der im Vergleich zu Internatsknabenchören geringen Probenfrequenz keine akzeptablen Resultate zur Folge gehabt. Dennoch ist es erstaunlich, dass 30 Werke zum „A-cappella-Stammrepertoire" gehörten:

Heinrich Isaac, *„Innsbruck, ich muss dich lassen"*
Wacław Z. Szamotul, *„Juz sìe smierzcha"*
Orlando di Lasso, *Echolied* / *„Matona mia cara"*
Jacobus Gallus, *„Ecce, quomodo moritur iustus"* / *„Laus et perennis gloria"* / *„Pater noster"*
Leonhard Lechner, *„Gott b'hüte dich"*
Johann Kuhnau, *„Tristis est anima mea"*
Alessandro Scarlatti, *„Exultate Deo"*
Johann Sebastian Bach, *„Der Geist hilft unser Schwachheit auf"*, BWV 226
Gottfried August Homilius, *„Domine ad adjuvandum me"*
Wolfgang Amadeus Mozart, *„Ave verum corpus"*, KV 618
Felix Mendelssohn Bartholdy, *„Denn er hat seinen Engeln befohlen"*, op. 70,8 / *„Hebe deine Augen auf"*, op. 70,28 / *„Richte mich, Gott"*, op. 78, 2
Anton Bruckner, *„Ave Maria"*, WAB 6 / *„Christus factus est"*, WAB 11 / *„Locus iste"*, WAB 23 / *„Os justi"*, WAB 30 / *„Pange lingua"*, WAB 33
Johannes Brahms, *Fest- und Gedenksprüche*, op. 109 / *„In stiller Nacht"*, WoO 34,8 / *„Waldesnacht"*, op. 62,3
Peter Tschaikowsky, *Die kleine Nachtigall*
Antonín Dvořák, *Birke am grünen Bergeshang*, op. 63,4 / *Ein Sommertag*, op. 63,5
Hugo Alfvén, *„Uti var hage"*
Benjamin Britten, *A Hymn to the Virgin* (1930/34)
György Deák-Bárdos, *„Eli"*

Nur gelegentlich wurden diesen unbegleiteten Werken weitere hinzugefügt. Daneben erklangen viele Kompositionen aus Herzogs eigener Feder: neben der *Weihnachtsmusik* und anspruchsvollen Volksliedbearbeitungen auch mehrere Motetten. Zusätzlich war häufig sein expressiver *Fluch des Krieges* (FHWV 57) nach Texten von Li-Tai-Pe zu hören, der in mehreren Fassungen entstand.

Hinzu kamen die Werke für Chor und Orchester: Häufig studierte Herzog ab 1967 Mozarts *Requiem* ein, wobei die Solopartien meistens von Choristen bestritten wurden. Die Darbietungen dieses Werkes gehörten aufgrund besonderer Eindringlichkeit zum Ergreifendsten, das Herzog mit Chor und Orchester dirigierte. Die *Offertorien* für Chor und Orchester desselben Komponisten standen ebenfalls mehrfach auf dem Programm. Im Zusammenhang mit den Händelfestspielen kam, ebenfalls ab 1967, dem Göttinger Knabenchor die Aufgabe zu, an den jährlichen Oratorienaufführungen teilzunehmen, wobei Herzog lediglich die Choreinstudierung vornahm.

Chorklang

Bereits in der Anfangsphase des Schulchores – so ist es anhand der Tondokumente nachweisbar – strebte Herzog einen verhältnismäßig scharfen, obertonreichen Chorklang an und hatte „besonders viel am Sopran gearbeitet, um die Strahlkraft zu erreichen".[86] Die Klangintentionen gehen auf Einflüsse Mauersbergers zurück. Bemerkenswert ist, dass die klangliche Schärfe beim Göttinger Knabenchor noch stärker als beim Kreuzchor hervortritt. Diese Einschätzung teilte Mauersberger selbst nach dem Anhören einer Knabenchor-Schallplatte, die ihm Herzog 1966 aus Göttingen geschickt hatte: „Das Kolorit ist heller als bei uns, aber außerordentlich sympathisch."[87] Die Männerstimmen sollten in Herzogs Knabenchören „nicht mulmig",[88] die Bässe „tenoral" klingen[89] und in ihrer Präsenz nicht hinter den Knabenstimmen zurückstehen. Grundsätzlich legte der Dirigent wert darauf, „immer klar und deutlich"[90] zu singen, was sich auf die Aussprache und einen „selbstbewussten Stimmklang"[91] gleichermaßen bezog. Diese Ziele wurden uneingeschränkt umgesetzt, was Aufnahmen des Schulchors genauso zeigen wie die ersten Tondokumente des Göttinger Knabenchors (1964–1966). Ebenfalls war Herzog stets die Spannung wichtig, welche beim Singen nicht reduziert werden durfte. Dafür sorgte er bereits durch seine „gut durchdachten und abwechslungsreichen Proben",[92] übertrug dieses Spannung-Halten aber ebenfalls bis in die Interpretation hinein: Halte- und Schlusstöne wurden häufig beim Göttinger Knabenchor durch „Nachdrücken" in der Intensität verstärkt, um den Spannungsbogen nicht abreißen zu lassen.

Interpretation

Häufig wählte Herzog Werke aus, die auf große, ausdrucksstarke Gestaltung hin angelegt waren. Dies betraf Kompositionen der Romantik und der Moderne, letztere häufig durch Werke des Dirigenten vertreten. Und selbst wenn der Notentext keine Expression verlangt, war sie ausdrückliche Interpretationsabsicht des Chordirigenten. Bezeichnend ist etwa seine höchst romantische Auslegung der Motette *„Tristis est anima mea"* von Johann Kuhnau. Die ersten Takte entwickeln sich „aus dem Nichts" und steigern sich von dort aus über ein groß angelegtes Crescendo in unerahnbarer Weise bis zum Fortissimo hin. Probenmitschnitte beweisen, dass Herzog selbst mit sehr großen dynamischen Entwicklungen des Chores am Beginn dieses Stückes nicht immer zufrieden war und eine Auslegung bis in die absoluten Lautstärkeextreme hinein verlangte.[93] Dass er demzufolge kein Verfechter historisch informierter Aufführungsweise war, versteht sich von selbst.

Unter den Händen des Dirigenten wurde fast jeder Takt gestaltet, so dass die Expression, welche Herzog in seiner Gestik und Mimik beim Dirigieren mit klarer Zeichengebung darbrachte, sich direkt auf den Chor und in der Verklanglichung ergreifend auf das Publikum übertrug. „Immer ging es um's Ganze",[94] wie sich Chormitglieder erinnern, jede Aufführung war engagiert darzubieten, unabhängig von der jeweiligen Stimmung innerhalb des Chores, der Wetterlage oder der vielleicht geringen Besucherzahl.[95]

So konstant der Knabenchorklang von Beginn an festzustehen scheint, differiert im Laufe der Jahre die interpretatorische Ausdruckskraft bzw. Gestaltungsintention. Dies wird bei Tonaufnahmen desselben Stückes, die zu unterschiedlichen Zeiten entstanden sind, besonders deutlich. Die siebenstimmige Motette *„Ave Maria"* von Anton Bruckner wurde unter Herzogs Leitung vom Göttinger Knabenchor u. a. 1964 (für den NDR) und 1977 (für eine Schallplattenaufnahme) eingespielt.[96] Interessant ist, dass bereits im früheren Tondokument alle Auslegungsdetails der Dynamik, der Temposchwankungen, zusätzlicher Zäsuren bereits vorhanden sind, die auch 1977 zur Anwendung kommen. Allerdings fällt die ältere Darbietung für Herzogs Verhältnisse nüchterner aus, was an sparsamerer Dynamik ebenso liegt wie an einem insgesamt rascheren Puls. Später wird jedes Darstellungsdetail mit einer gewissen inneren Ruhe emotional wesentlich ergreifender ausgekostet, die klanglichen Extreme dabei viel deutlicher herausgestellt.

Insgesamt erkennt man eine Gestaltungsentwicklung, die von den sparsam ausgedeuteten, aber dennoch spannungsreichen Darstellungen der 1950er Jahre über eine enorme Ausweitung des dynamischen Spektrums bis zum Ende der 1960er Jahre führt. Im Anschluss daran reduziert sich der innere, sehr drängende Puls des Dirigenten ein wenig und hat gemeinsam mit der unverändert großen dynamischen Spannweite stärkere Ausgeglichenheit zur Folge. Auch wenn teilweise in den letzten erhaltenen Aufnahmen die Intonation gelegentlich leicht getrübt ist, werden auf der emotionalen Ebene größere Klangerlebnisse als bisher realisiert.

Der Göttinger Knabenchor unter Franz Herzog im Verhältnis zu anderen Knabenchören seiner Zeit

Herzog ist bei der Profilierung des ursprünglichen Gymnasiumschors und späteren Göttinger Knabenchors von Ensembles ausgegangen, deren Qualität ihm Ansporn und Vorbild waren. Hierzu zählte in erster Linie der Dresdner Kreuzchor. Natürliches, direktes „Heraussingen" und Obertönigkeit des Mauersberger-Chorklangs waren die Richtschnur, an der er sich am meisten orientierte. Ebenso pflegte er in Göttingen teilweise ein ähnliches Repertoire, setzte selbstverständlich auch darüber hinausgehende Schwerpunkte, die sich von den Dresdner Eindrücken lösten.

Weiteres Vorbild war der Windsbacher Knabenchor unter Leitung seines Gründers Hans Thamm, der ebenfalls ehemaliger Kruzianer unter Mauersberger war. Häufig wurde dieser Chor als Vergleich für Herzogs eigene Arbeit genannt. Herzogs Hoffnung, dass sein Knabenchor aufgrund der Qualität so weit über die Grenzen der Stadt ausstrahlen würde, wie es bei den „Windsbachern" schon wenige Jahre nach Gründung möglich war, verwirklichte sich nicht. Dazu waren die Strukturen des berühmten Internatschors und des (trotz aller Zugeständnisse) letztlich dem schulischen Stundenplan stärker unterworfenen Knabenchors in Göttingen zu unterschiedlich. Klanglich stellten die „Windsbacher" eine sehr große Konkurrenz dar: Unter Thamms Leitung zeichneten sie sich ebenfalls durch einen strahlenden Sopranklang, ein insgesamt herbes Timbre, dazu exakte Intonation und farbenreiche Interpretation aus. Herzog wird klar gewesen sein, dass er diese von ihm sehr geschätzten Klangeigenschaften zwar anstreben, aber bei gleichbleibenden Arbeitsbedingungen nie erreichen konnte.

Knabenchöre, von denen sich seine Intentionen unterschieden, waren der Tölzer Knabenchor unter Gerhard Schmidt-Gaden, die Wiener Sängerknaben unter Hans Gillesberger und der nicht weit von Göttingen entfernt beheimatete Knabenchor Hannover unter Heinz Hennig. Das mitunter betont volkstümliche Repertoire und tendenziell tremolierende Timbre der Tölzer und Wiener, der weiche, abgerundete Klangcharakter der Hannoveraner, die kleinphrasierte, schwerpunktbetonte, an der historischen Aufführungspraxis orientierte Singweise aller drei Knabenchöre standen in starkem Gegensatz zu Herzogs Vorstellungen.

Der Göttinger Knabenchor unter Leitung seines Gründers hat bei dieser Zusammenschau zwei Merkmale aufzuweisen, die ihn besonders auszeichnen. Ein Aspekt ist die bei wenigen Chören vorhandene anspruchsvolle Programmvielfalt, die funktional und stilistisch zwischen Weltlichem und Geistlichem, Klassischem und Unterhaltendem, Altem und Neuem souverän changierte. Sodann liegt die klangliche Besonderheit in der Extremenausnutzung. Der obertönige, kreuzchorbeeinflusste Klangcharakter wurde in Göttingen zu strahlender Schärfe geschliffen. Die differenzierte interpretatorische Gestaltung des Windsbacher Knabenchors führte Herzog in romantische, ja expressive, emotional hochgeladene Extreme. So ist der Göttinger Knabenchor bezüglich Repertoire und Klangcharakter unverkennbar. In der sinnvollen, eigengeprägten Werkauswahl und einem „akustischen Fingerabdruck" zeigt sich letztlich die Qualität eines guten Chorleiters und Dirigenten: Herzog gelang es bei allen strukturellen Einschränkungen von Beginn an, seinem Ensemble ein anspruchsvolles, individuelles, wiedererkennbares Profil zu verleihen.

Der Komponist

Kompositorische Entwicklung

Bevor Franz Herzog als Chor- und Orchesterdirigent, Pianist und Chorgründer in Erscheinung trat, war er zunächst durch andere musikalische Talente aufgefallen: in der frühen Kindheit als Knabensolist in seiner Heimatkirche in Elsterberg, in seiner Jugend als überaus begabter Kruzianer mit nicht nur stimmlicher, sondern auch kompositorischer Begabung. Zu vermuten ist, dass die spezielle Förderung durch Kreuzkantor Rudolf Mauersberger etwa mit seinem 15. Lebensjahr begonnen hat.[97]

Wie prägend die Kruzianerzeit für ihn war, beschrieb Herzog selbst: Es war einerseits das „lebendig[e] Klangbeispiel", welches in Proben und Auftritten konkret erlebbar wurde, andererseits die Beurteilung Mauersbergers den frühen Kompositionsversuchen gegenüber. Herzog wurde dazu angehalten, „einen Chorsatz vor allem klingend zu schreiben". Mauersberger „tadelte eine gutgedachte Stelle eines neuen Stückes, wenn sie nicht zugleich gut klang". Überzeugende Vorbilder legte der Kreuzkantor selbst ab, und Herzog stufte dessen Kompositionen als „eine Lösung der Probleme modernen kompositorischen Denkens zugunsten des Klanges" ein. Für den jungen Choristen Herzog, „der sich von dem Innenbezirk der Musik faszinieren ließ und den Ehrgeiz hatte, selbst darin tätig zu werden", waren neben den täglichen Klangeindrücken im Chor auch die Anregungen entscheidend, die er durch Mauersberger erhielt, wenn er ihm eine Komposition zur Begutachtung vorlegte. Durch sie wurde er „ernüchtert und ermuntert zugleich". Übrigens war Herzog nicht der einzige Kruzianer, den die Auseinandersetzung mit neuer Chormusik dazu brachte, selbst zu komponieren. Etwa Joachim Freyer oder Anselm Handmann entwarfen zu seiner Zeit ebenfalls Stücke, die teilweise vom Kreuzchor aufgeführt wurden.[98]

Wie sehr die Priorität des Klanglichen vom Lehrer auf den Schüler übergegangen ist, zeigen viele Kompositionen Herzogs. Die Berücksichtigung der klingenden Wirkung, bezogen auf Gesamtcharakter und Harmonik, bis hin zur effektvollen klangbestimmten Inszenierung, stellt – ähnlich wie bei Mauersberger – ein Erkennungszeichen des Herzogschen Personalstils dar.

Die erste nachweisbare Komposition steht am Ende der Kreuzchorzeit. 1937 entstanden die *Fünf Chorlieder* nach Texten von Walter Flex (FHWV 74), die er „seinem Lehrer Rudolf Mauersberger" widmete und deren Uraufführung im Februar des Jahres beim traditionellen Fastnachtskonzert er selbst leitete. So problematisch aus heutiger Sicht die äußerst national-heroischen, teils während des Ersten Weltkrieges entstandenen Verse Flex' wirken, sind diese Chöre aufgrund des dokumentarischen Werts interessant. An ihnen zeigen sich erstmals Merkmale, die Herzogs Stil, bei aller Variabilität, prägen.

Bemerkenswert ist die Tonsprache, die sich grundsätzlich auf tonalem Fundament bewegt, allerdings flexibel zwischen verschiedenen Tonzentren changiert. Daneben fallen mehrfach Passagen auf, welche geradezu klangprächtig geraten sind und eine strahlende, teils massive, insgesamt anziehende Wirkung ausüben. Wie sehr die kompositorischen Mittel textbezogen sind – übrigens eine Analogie zu Mauersberger – zeigt sich schon im ersten Chorlied: Plastisch wird die martialisch militärische Grundstimmung durch punktierte Rhythmen zum Ausdruck gebracht, ein „Windstoß" erhält die musikalische Umsetzung durch flirrende Sechzehntelketten, und der „vorbeibrausende, lärmende Tag" wird durch ineinanderlaufende hektische Sextakkordfolgen verklanglicht. Die Anfänge der Chorlieder geben jeweils den dominierenden Charakter vor. Herausragend ist hier etwa der Beginn von Nr. 4 („Über den Mond zog ein silbernes Wölklein"). Melancholisch, auf der Basis eines anfänglichen Orgelpunkts, baut sich mit reizvollen Harmonien ein betörend schöner mehrstimmiger Gesang bis hin zur strahlenden Höhe auf, der die nächtliche mondbeschienene Szenerie anhand musikalischer Mittel unmissverständlich abbildet.

Die Anfänge Herzogs als Komponist waren vielversprechend. Und selbst mit solch zeitbedingten Versen wie jenen von Walter Flex entstanden Chorlieder, die eine hohe kompositorische Begabung belegen. Auf diesem Weg sollte Herzog voranschreiten und schließlich ein Gesamtwerk von über 150 Werken hervorbringen. Dabei bestand stets eine Wechselwirkung zwischen Aufführungs- und Widmungsgelegenheiten einerseits und den eigenen künstlerischen Ambitionen andererseits. Bei vielen Kompositionen Herzogs ist eine Datierung nicht oder nur ungefähr möglich.

Entsprechend den Erfahrungen als Chorpräfekt und seiner anschließenden Ausbildung zum Chorleiter läge es nahe, dass er sich zunächst vornehmlich der Chormusik gewidmet hätte. Doch waren es mehrere Gattungen und musikalische Formen parallel, die er kreativ verarbeitete. Zwar wurden am Ende von Herzogs Kruzianerzeit etwa die *3 heiteren Chorlieder* (FHWV 81) oder der verschollene Satz *Leichtlebigkeit* (FHWV 84) mit dem Dresdner Kreuzchor aus der Taufe gehoben und mehrfach wiederaufgeführt. Doch noch vor Kriegsbeginn entstanden z. B. die *Konzertante Musik für Klavier und großes Orchester in klassischer Manier* (FHWV 169) oder *5 Lieder* für Bass und Klavier nach Texten von Wolfram Brockmeier (FHWV 117). Herzog versuchte früh, ein möglichst breites Werkspektrum zu entwickeln – nicht zuletzt, um sich so auch mit den eigenen Werken als Pianist zu profilieren. Die in dieser frühen Phase gewonnenen Erfahrungen führten dazu, dass er sich vielen Gattungen durchgängig widmen sollte – stellenweise sogar, wie im Falle der Kunstlieder, bis wenige Jahre vor seinem Tod.

Nach Kriegsende wurde der Kontakt zwischen Herzog und Mauersberger wieder aufgenommen und bis zum Ende der 1960er Jahre aufrecht erhalten, was sich auch auf das Kompositorische bezog. Herzog schrieb etwa vom Ende der 1940er bis zum Anfang der 1960er Jahre mehrere Kompositionen für den Kreuzchor. Hierzu gehört aus der Zeit um 1948 das Chorlied *Das Wolkenschiff* (FHWV 76) auf einen Text des damaligen Kreuzchor-Internatsleiters Paul Dittrich. (Obwohl geplant, kam es nicht zur Aufführung.) Mehrere Motetten sind zu nennen – die bekannteste und am häufigsten vom Kreuzchor interpretierte war *„Wir bauen an dir mit zitternden Händen"* aus den *3 Motetten in rezitativischem Stil* nach Texten Rainer Maria Rilkes (FHWV 22). Schließlich schrieb Herzog 1957 bzw. 1958 zwei größere geistliche Vokalwerke: die *Messe una sancta ecclesia* (FHWV 3) und die *Knabenchormesse* (FHWV 4).

Die Werke für den Kreuzchor sind von Klangsinn und großen gesangstechnischen Anforderungen bestimmt. Der Komponist wusste, was er diesem Ensemble zumuten konnte und sah daher keinen Konzessionsbedarf. Die Werke gehen ans Äußerste, was einem Knabenchor abverlangt werden kann, bezogen auf Ambitus, Rhythmik, Dynamik und Tonalität. Mauersberger hat diese Herausforderungen meistens angenommen und seinen Chor damit zu neuen Leistungen geführt – auch wenn er die *Knabenchormesse* als „zu schwer und zu unsangbar für Knabenstimmen"[99] einstufte.

Kurz nachdem Herzog in Peine den Städtischen Chor übernommen hatte, studierte er schon eigene Werke mit diesem ein, etwa die erste von zwei Sammlungen *kleiner Lieder* (FHWV 77). Auch verwirklichte er bereits die Idee einer Weihnachtsmusik – ähnlich, wie er sie aus seiner Zeit im Dresdner Kreuzchor kennengelernt hatte.

So wie in diesem Falle, ist auch generell der Aufführungsnachweis häufig die einzige Möglichkeit, Entstehungszeiten der Werke Herzogs zu bestimmen. Selten finden sich in den Partituren genaue Entstehungsdaten. So konkret die Nachweise im Zusammenhang mit den jeweils durch Programme belegbaren Kreuzchorvespern und -konzerten sind, so indifferent wird die historische Bestimmbarkeit der meisten Kompositionen, die Herzog für seine Ensembles in Peine und Göttingen geschrieben hat. Lediglich die Besetzung deutet auf Verbindungen zu eigenen oder fremden Ensembles bzw. Interpreten hin, die wiederum Rückschlüsse auf den groben Kompositionszeitraum erlauben.

Die meisten Männerchorwerke entstanden vermutlich für den Katholischen Männerchor „Cäcilia" Göttingen, den der Komponist zwischen 1953 und 1962 leitete. Zum Repertoire von Herzog gehörten neben kleineren Motetten (z. B. *„Pater noster"*, *„Recordare mei"*, *„Wachet und betet"* (FHWV 25, 26, 31)) mehrere Liedbearbeitungen – etwa *6 Spirituals* für Baritonsolo und Männerchor (FHWV 151) –, drei *Schnulzen* (FHWV 63) und, zum 50-jährigen Chorjubiläum, seine *Antigone-Musik* (FHWV 45). Schließlich ist die 1956 uraufgeführte *Missa in honorem Sanctae Caeciliae* (FHWV 2) zu nennen. Die Werke zeigen, wie sich Herzog allmählich stilistisch öffnete und neben seinen konzertanten, „ernsthaften" Kompositionen zunehmend auch solche mit großem Unterhaltungswert entwickelte. Diese musikalische Vielseitigkeit ist ein weiteres Charakteristikum seiner kompositorischen Handschrift.

Offenbar schuf er unmittelbar nach der Schulchorgründung am Felix-Klein-Gymnasium, also ab 1953, zunächst keine Werke für das neue Ensemble. Zwar könnten ein erstes Arbeitsmaterial die *5 cantus-firmus-Sätze für konzertanten Knabenchor* (FHWV 149) sein, allerdings wurden sie 1954 vom Städtischen Chor Peine aus der Taufe gehoben, weiterhin von den Kruzianern gesungen. Der erste Nachweis einer Komposition, die Herzog für seinen neuen Schulchor schuf, ist seine *Palmström-Suite* (FHWV 62) nach Texten von Christian Morgenstern. Dieses Werk zog mit seiner eigentümlichen Mischung aus klassischer tonaler Moderne und damals aktuellen Tanzformen aus der Unterhaltungsmusik große Aufmerksamkeit auf sich. Es verbreitete sich zudem auch publizistisch über Rundfunkaufnahmen, schließlich über die Schallplatte und eine Notenedition. Ein solcher Erfolg sollte Herzog mit keiner weiteren Komposition gelingen.

In der Folge widmete er sich dem organisatorischen und stimmlich-interpretatorischen Aufbau des 1962 gegründeten Göttinger Knabenchores. Soweit der Entstehungszeitpunkt deutbar ist, schuf Herzog nun eher Kompositionen kleineren Formats, aber gleichfalls von künstlerischem Wert. So ist der erste Teil des Werkes *Ruf und Gebet* (FHWV 27) auf den Text „Wachet und betet", 1965 erstmals nachweisbar, von faszinierender Textausdeutung, freitonal-herber Klanglichkeit und struktureller Qualität.

Ein größeres Ausnahmewerk dieser Zeit stellt der expressive Chorzyklus *Fluch des Krieges* (FHWV 57) dar. Erste Ideen, die erschütternden, kriegsbezogenen Texte Li-Tai-Pes in der Nachdichtung von Klabund zu vertonen, stehen am Beginn der 1960er Jahre: Eine eher der gemäßigten Moderne zugehörende erste Variante, als *Chorliederbuch* bezeichnet, entstand ein Jahr vor Gründung des Göttinger Knabenchores. 1963 und 1964 dann vertonte Herzog, nun unter dem Titel *Fluch des Krieges,* stellenweise dieselben Texte nochmals neu, in einer expressiven, attackierenden, erschütternden Musiksprache. In der ersten Fassung dieses Werkes sah er neben Chor und Klavier auch Flöte, Trompete und Violoncello vor. Die Bariton-Sätze legte er zwölftönig an und wandte sich damit erstmals in solistisch besetzten Teilstücken der Dodekaphonie zu, auch wenn er sie nie im strengen Schönbergschen Sinne umsetzte. Der *Fluch des Krieges,* letztmals 1981 überarbeitet, gehört zu seinen herausragenden Chorwerken.

Eine weitere Phase in der kompositorischen Entwicklung ist in den Bühnenwerken zu sehen. Die *Bremer Stadtmusikanten* (FHWV 40) und das *Händel-Historical* (FHWV 41) entstanden 1968 und 1971. Sie waren vom Komponisten, ähnlich wie seine *Palmström-Suite,* als Alternativen zur herkömmlichen Schulmusik gedacht und riefen sowohl beim Chor als auch beim Publikum Begeisterung hervor. Einhellig galt dies für die *Bremer Stadtmusikanten,* in denen Herzog es gelang, eingängige Melodien, motivische Fasslichkeit und Praktikabilität sowie kompositorischen Anspruch zusammenzuführen. Das *Händel-Historical* hingegen wurde als provokante Aufführung bei den ehrwürdigen Göttinger Händelfestspielen empfunden. Das Sujet und die humorvolle, ironische Art, den Händelschen Vorlagen gegenüber, polarisierten, die Presse nicht ausgenommen: „Es spricht für die Weitherzigkeit des Vorstands, daß er der Uraufführung des Herzogschen ‚Historicals' einen Platz im Programmheft des Händel-Festes einräumte. Denn sein gefeierter Heros wurde hier weidlich verulkt."[100] So stand es im Göttinger Tageblatt in einer tendenziell kritischen Besprechung zu lesen. Eine weitere Rezension fiel dagegen vermutlich im Sinne des Komponisten aus: „Das Ganze wurde zu einem kaum noch zu entflechtenden Knäuel aus originalem Händel, Play-Händel und Komposition von Franz Herzog. [...] Wer den Abend ernst nahm, war in der falschen Schmiede. Wer sich über eine Händel-Schändung ärgerte, mußte sich spätestens in der Largo-Parodie darüber klar werden, wer damit gemeint war. [...] Play-Bach hat einen Play-Händel gefunden. Und das konnte nur in Göttingen selbst geschehen."[101]

Dabei ist bemerkenswert, wie stilistisch wendig – bei allem ironischen bis provokanten Ansatz – Herzog mit verschiedenen musikalischen Handschriften von der Barockstilistik bis hin zu damals aktuellen Tendenzen der Unterhaltungsmusik umging und sie zu einem, wenn auch sehr disparaten Ganzen führte.

Das *Händel-Historical* war Herzogs letzter Versuch, während seiner Tätigkeit als Chordirigent mit einem größeren Werk in Erscheinung zu treten. Ob die negativen Reaktionen zur Resignation führten, ist nicht zu sagen. Jedenfalls hatten sich die Schwerpunkte des Chores ab 1972 deutlich verschoben zu Gunsten regelmäßiger Konzertreisen im In- und Ausland, zu denen Herzog nur noch gelegentlich Kompositionen beisteuerte. Dies tat er beispielsweise mit den *Five Short Songs* (FHWV 56) auf Texte aus der *Beggar's Opera* von John Gay, die er für die Männerstimmen des Chores als Repertoirestücke der USA-Reise 1972 schrieb.

Mit seinem Rückzug von der Chorarbeit ab Herbst 1980 schränkte Herzog das Komponieren für „sein" früheres Ensemble noch weiter ein, abgesehen von einigen Liedbearbeitungen. Stattdessen konzentrierte er sich nun auf Werke, die anderen Impulsen folgten sowie anderen Interpreten zugeeignet wurden. So gewannen in den letzten Lebensjahren die Kunstlieder wieder an Bedeutung. Ausdruck davon sind etwa die beiden in heiterer und ernster Gefühlslage geschriebenen Liederzyklen (FHWV 109, 113), zwei Widmungswerken für Peter Schreier, die dieser allerdings nicht zur Uraufführung brachte.

In die letzte Lebensphase Herzogs fällt die Entstehung eines großen Chorwerkes, ohne auf den Göttinger Knabenchor ausgerichtet zu sein. In der Komposition mit dem dreiteiligen Titel *Crucifixus. Et resurrexit. Dona nobis pacem* (FHWV 5) werden wesentliche Abschnitte des Messordinariums vertont, und dies in einer spätromantisch-freitonal-expressiven Ausdrucksart, die technisch und musikalisch an die Interpreten höchste Anforderungen stellt.

Beim Blick auf das Gesamtwerk ist zunächst eine stilistische Entwicklung von spätromantisch-impressionistischer Klanglichkeit (bis etwa 1945) bis zu den chorisch bestimmten Werken der etwa ersten zehn Nachkriegsjahre in gemäßigt moderner Orientierung zu beobachten. Am Ende dieser Phase macht sich bereits, auch praxisbedingt, Herzogs Öffnung zu unterhaltungsmusikalischen Elementen in seiner Musik bemerkbar, die für den *Palmström* genauso typisch ist wie für beide, später entstehenden Bühnenwerke. Und schließlich verdichtet sich sein Kompositionsstil ab den 1960er Jahren zu größerer Komplexität, Expressivität und stärkerer Betonung des Dissonanten. Letztere Tendenz führt sogar den prinzipiell auf tonalem Fundament aufbauenden Komponisten zu gelegentlicher Anwendung atonaler Techniken. Auch in seiner Spätphase bis 1985 hatte er sich weder zum „Zwölftöner", noch zum Avantgardisten entwickelt.

Die meisten Werke sind von handwerklichem Können, großem Klangsinn und künstlerischer Ausdruckskraft bestimmt. Die konstruktive Qualität wird den Anregungen des Dresdner Konservatoriums gefolgt sein, allerdings sicherlich nicht ohne die eigene Reflexion über musikalische Strömungen, die Herzog umgaben – sei es im Bereich der Moderne oder der Unterhaltungsmusik. Viele Anregungen nahm er auf und verstand es, sie sich über tonsetzerische Höranalyse im wahrsten Sinne zu eigen zu machen. Generell ist in seinem Gesamtschaffen ein höherer konstruktiver, technischer Aufwand zu bemerken, als dies etwa für den vergleichsweise intuitiv schaffenden Rudolf Mauersberger galt. So sehr man Herzog, wenn auch etwas unberechtigt, bezüglich seiner Chorarbeit im Vergleich zu anderen Knabenchören eine gewisse „Provinzialität" bescheinigte, gehen seine Kompositionen meist über diesen Rahmen hinaus.

Vorstellung einzelner Werke

Bisher wurde der stilistische Verlauf von Herzogs Kompositionen grob skizziert. Dies reicht allerdings nicht aus, um das breite Spektrum der Ausdrucksformen angemessen darzustellen. Daher werden im folgenden, entlang dem Werkverzeichnis, die wichtigsten Werke kurz analytisch vorgestellt. Eine Übersicht bezüglich der Entstehung und der wesentlichen Gestaltungsmittel soll genügen, um die große Ausdruckspalette und letztlich die Qualität kurz zu erörtern.

FHWV 1: Weihnachtsmusik des Göttinger Knabenchores

Die Konzeption einer weihnachtlichen Zusammenstellung aus Rezitativen, die das Weihnachtsevangelium vorstellen, und verschiedenen adventlichen und weihnachtlichen Liedsätzen war Herzog aus seiner Dresdner Zeit durch die *Christvesper* Rudolf Mauersbergers bekannt geworden. Dieses bis heute in der Kreuzchortradition verankerte Werk erhielt seine Uraufführung am Heiligen Abend 1936, an der Herzog singend und als Chorpräfekt auch vorbereitend beteiligt gewesen sein muss.

Die Idee, eine ähnlich gestaltete Weihnachtsmusik zu entwickeln, kam ihm 1951. Was er am 24. Dezember des Jahres mit dem Städtischen Chor Peine realisierte, war eine Kombination mehrerer Advents- und Weihnachtslieder, ergänzt durch chorische Vertonungen des Weihnachtsevangeliums. In Göttingen führte er die *Weihnachtsmusik* mit seinem Knabenchor 1962 ein und behielt zumindest für wenige Jahre die Aufführungsgewohnheit bei.

Die Nähe zum Dresdner Vorbildwerk ist unverkennbar – nicht nur in Bezug auf die schrittweise Überarbeitung im Laufe mehrerer Jahre. Die Übernahmeerlaubnis einiger Sätze hatte sich Herzog vom Kreuzkantor erbeten. Satztechnisch und instrumental bestehen weitere Gemeinsamkeiten: Dem Chor sind ebenfalls Trompeten und Posaunen, stellenweise auch Pauken beigegeben, und manche Liedsätze (wie etwa das eröffnende *„Macht hoch die Tür"*) lassen sogar in den Stimmenverläufen Ähnlichkeiten zu Mauersberger erkennen. Andererseits gibt es viele Unterschiede, die Herzogs eigenen Weg erkennen lassen. Die auffallendste Abweichung bezieht sich wiederum auf das Instrumentarium, bei dem Herzog Glockenspiel, Harfe und Holzbläser nicht besetzt und dadurch eine andere Wirkung erzielt. Die Rezitative gestaltet Herzog chorisch, oft akkordisch oder mit Begleitung durch Trompeten und Posaunen. Mauersberger hingegen legte seine Rezitative einstimmig mit Orgelbegleitung an.

Allein die von Herzog verfassten oder zumindest überarbeiteten Liedsätze sind bezeichnend. So sind die Anfangs- und Schlusssätze (*„Macht hoch die Tür" / „O du fröhliche"*) die prächtigsten. *„Maria durch ein' Dornwald ging"* – ein kirchentonaler Satz mit romantischer Aura und gemäßigt modernen Dissonanzen – erweist sich als Glanzstück für den Knabenchor, da die Männerstimmen nur im Nachhinein hinzutreten. *„Nun sei willkommen, Herre Christ"*, eigentlich ein Satz von Carl Hirsch, war Herzog noch aus seiner Kreuzchorzeit bekannt. Er veränderte in seinem Sinne den Schluss, der bogenförmig in seiner archaischen dorischen Tonart verbleibt, anstatt – wie bei Hirsch – in die Durparallele in strahlend-romantischer Geste zu modulieren. Ebenfalls interessante modale Bezüge mit aparten harmonischen Härten weist *„Joseph, lieber Joseph mein"* in Herzogs Bearbeitung auf. Die vielfach wiederholend strukturierte Melodie wird in überraschender Farbigkeit und Experimentierfreude harmonisiert. Der Satz *„Als ich bei meinen Schafen wacht"* liegt strukturell in seiner Anlage für Basssolo, Knabenchor und Blechbläser offen zutage, zugleich ist er in seiner formalen Geschlossenheit, der stellenweise ungewöhnlichen Lage der Melodie und dem „engelwärts" gerichteten Bläsersatz mit reizvoller Harmonik sofort wiedererkennbar.

Von außen betrachtet, ist allein die fünffache Aufteilung der Rezitative und ihre Positionierung innerhalb der *Weihnachtsmusik* bemerkenswert:

Rezitativ	Textstelle	inhaltliche Funktion
I	Lk 2, 1–7	Anfang
II	Lk 2, 8–12	Hirten
III	Lk 2, 13–14	Ehre sei Gott
IV	Lk 2, 15–16	Hirten
V	Lk 2, 17–20	Ende

Die thematischen Bezüge zwischen Nr. 1 und 5 sowie 2 und 4 sind nicht zu übersehen. So aufgeteilt, steht die zentrale Botschaft, der Lobpreis der Engel, in der Mitte der Anlage. Hinzu kommt eine große musikalische Ähnlichkeit zwischen Anfangs- und Schlussrezitativ, die von Herzog bewusst als akustische Klammer formuliert wurde.

Die Chorrezitative werden entsprechend der Thematik regelrecht inszeniert. Sie sind häufig mit einfacher Melodik im Fünftonraum gestaltet. Diese kann, wie im Falle von Rezitativ 2 und 4, einstimmig vorliegen. Bei diesen dem Männerchor zugewiesenen Rezitativen treten mehrere Bedeutungsebenen zusammen: Die Wahl des Chorregisters wird durch die Hirtenthematik bestimmt, die verhältnismäßig kurzen Notenwerte in Verbindung mit kleinräumigen Intervallen könnten den Hirten Furcht und Umtriebigkeit als Charaktere zuweisen.

Meist sind die Rezitative für den gesamten Chor im mehrstimmigen, akkordischen Satz ausgelegt. Unabhängig davon, werden zur klanglichen Bereicherung und Kommentierung die Blechbläser eingesetzt. Sie präsentieren als melodisch-harmonisches Motiv die Anfangsphrase des Weihnachtsliedes „Stille Nacht", liefern daneben auch ergänzende oder grundierende

Harmonien zu den Rezitativen und vollziehen inhaltlich das Thematisierte illustrierend nach. Die Harmonik ist sehr schlicht, mutet fast schon mittelalterlich an, wobei gelegentliche, meist textmotivierte Härten dem Ganzen eine unerwartete angenehme Herbheit verleihen. Bei zentralen Worten (wie etwa „Bethlehem“ (Rezitativ 1) oder „Maria“ (Rezitativ 5) baut Herzog eine überraschende, kurze, effektvoll ergreifende, strahlende Modulation ein. Herausragend ist nicht nur durch seine zentrale Position das dritte Rezitativ: Es beginnt mit einem in die Höhe gerichteten Blechbläsereinsatz, der sich von der Ein- in die Vierstimmigkeit spiegelbildlich ausweitet. Der Chor tritt bewegt mit dem gleichen aufbauenden Prinzip hinzu, woraus sich der machtvoll inszenierte Engelsgesang entwickelt, und dies mit einer interessanten instrumentalen Abstufung: Gott in der Höhe wird mit Chor und Trompeten ausgelegt, der Friede auf der Erde erhält seine tieftönende Entsprechung in den ergänzenden Posaunen, wonach die Menschen lediglich mit menschlichen Stimmen, also a cappella zu hören sind.

Textstelle	Besetzung
„Ehre sei Gott in der Höhe“	Chor + Trompeten
„und Friede auf Erden“	Chor + Posaunen
„und den Menschen ein Wohlgefallen“	Chor a cappella

So erweisen sich selbst die sehr schlicht wirkenden Chorrezitative als Sätze von klanglicher, symbolischer und struktureller Bedeutung.

FHWV 2: Missa in honorem Sanctae Caeciliae

Die erste der insgesamt drei vokalen Messvertonungen Herzogs ist seine Messe für Männerchor a cappella. Sie entstand für den Katholischen Männerchor „Cäcilia“ Göttingen und wurde unter Leitung des Komponisten am 21. November 1956 in St. Pauli zu Göttingen uraufgeführt. Erstaunlicherweise erklang bereits bei diesem ersten Mal die Messe gemeinsam mit Orgelalternativen, die ergänzend zwischen die einzelnen Chorsätze geschoben wurden. Vier Jahre später legte Herzog seine *Kleine Messe* für Orgel (FHWV 202) vor, die motivisch eng mit den Orgelalternativen verknüpft ist.

Zu den chorischen Abschnitten stehen die Orgelalternativen in derart großem Kontrast, dass beide Ebenen weniger stilistisch, mehr strukturell-motivisch miteinander vereinbar sind. Daher wird im folgenden die Messe in Beschränkung auf ihre Chorsätze beschrieben.

Bereits der erste Messsatz ist eine formal durchgestaltete dreiteilige Vertonung mit religiöser Bedeutungsebene: Eine Anrufung aus tiefer Erdenschwere steht am Beginn des *Kyrie*: Ein aufsteigend konzipiertes, mehrfach ansetzendes Thema bildet sich aus, welches durch Halbtonschritte und den angesteuerten Tritonus (als Ausdruck des Leids) geprägt ist und als grundierendes Ostinato verwendet wird. Dieser schüchternen Anrufung folgt ihre Verwandlung zu flehendem Ausdruck. Kontrapunktisch und bezüglich des Tonraums steigert sich das Geschehen immer mehr, bis sich am Höhepunkt ein ergreifender, melodisch aufwärts erweiternder Tritonusklang (b d' e' / e' f' g' a') erhebt: Die intendierte Symbolik aus Schmerz und jenseitig aufwärtiger Flehensrichtung ist eindeutig. Diese Affirmation wird über die Piano-Wiederholung dieses Höhepunkts ins angstvoll-zurückgenommene Bitten überführt. Im Zentrum des *Christe* steht eine Unheil oder Ängstlichkeit assoziierende Akkordfolge zweier halbtönig verschobener Molldreiklänge. Aus dieser Grundidee steigert sich der Abschnitt auf jeweils höheren Tonstufen mehrfach und verselbständigt sich schließlich zu einer unerwarteten Spannung bei gleichzeitigen großschrittigen langwertigen Basstönen. Nach der Rückführung über ebenfalls bemerkenswerte mollare Harmonien endet der Messsatz mit der Wiederholung des *Kyrie*-Teils.

Musikalisches Motto des *Gloria* ist sein Beginn: ein schwungvolles kleinschrittiges Motiv, das in seiner Substanz einer der gregorianischen Intonationen entnommen ist. Es entpuppt sich letztlich als freudiges, schnell vorzutragendes Lobpreisthema, auf das mehrfach im Laufe des Satzes zurückgegriffen wird. Neben solchen Anleihen finden sich auch im unmittelbaren Anschluss Imitationen, die in ihrer effektvollen rhythmischen Verschiebung an mittelalterliche Hoquetus-Strukturen erinnern. Anknüpfungen an romantische bzw. sogar impressionistische Klänge finden sich dort, wo einzelne Töne zu aufbauenden atmosphärischen Akkorden gestaltet werden und in einer bemerkenswerten Steigerung zugleich die Anrufungsrichtung und den Weg zur Transzendenz darstellen. Beim *Credo* fallen die bestimmten Textstellen zugewiesenen musikalischen Umsetzungen auf.

Sehr beeindruckend verfährt Herzog bei der Textstelle „Et incarnatus est" und schafft eine entrückte Passage, wobei sich aus der tief gelegenen Einstimmigkeit vierstimmige Akkorde in schwebende Höhe entwickeln. Ähnlich eindrücklich wird die Kreuzigung beschrieben, deren Fundament ein schlichtes, markantes, energisches Terzostinato im Bass ist. Darüber erhebt sich eine bogenförmige Melodielinie mit zunehmend chromatischen, das Leid darstellenden Wendungen. Vollkommen überraschend ist Herzogs Umsetzung der christlichen Auferstehung. Sie wird nicht als aufsteigend bewegte, schwungvolle Auffahrtsmusik verklanglicht, sondern als sphärischer Akkordaufbau. Ähnlich mystisch hebt das *Sanctus* an, dessen aufgefächerte, entrückte Harmonien sich reizvoll ausbreiten. Der Faszination dieser Passage, die ambitional extrem ausgeweitet ist, kann man sich als Hörer kaum entziehen. Kehrt diese Musikalisierung am Ende des Satzes fast identisch wieder, so hat sich doch die zugrundeliegende Tonart um eine Quinte abwärts bewegt – womit sicherlich nicht zufällig häufig die „Seelentonart" Es-Dur durchschritten wird. Kontraste hierzu bilden innerhalb des *Sanctus* die akkordisch aktivierenden Passagen im „Pleni sunt coeli" und vor allem im „Hosanna"-Abschnitt, da hier eine dynamisch und melodisch-akkordisch „heraufziehende" Wendung textausdeutend einbezogen wurde.

Das *Benedictus* zieht unmittelbar die Aufmerksamkeit des Hörers auf sich, was nun weniger an aktivierenden Momenten als vielmehr der deutlichen Zurückgenommenheit liegt. Ein wunderschön schreitend-wiegendes Satzmodell breitet sich aus, bei dem zwischen einem Bassorgelpunkt und den langen Melodietönen wechselnde Akkorde eingewoben sind. Schreiten und wohlige Wärme teilt sich mit. Ähnlich ist auch das *Agnus Dei* gestaltet, wobei es weit mehr von kontrapunktischen Linien bestimmt ist. Bei jeder Wiederholung des Satzmodells steigern sich Klangfülle und Ambitus, um schließlich bogenförmig zum Ausgangspunkt zurückzukehren. Beim abschließenden „Dona nobis pacem" handelt es sich wiederum um eine faszinierende Steigerungsform von der Ein- in die Vierstimmigkeit, vom Piano zum Forte, vom Ausgangspunkt in der Tiefe zur deutlichen Ausweitung des Tonraums. Höhepunkt dieser Entwicklung sind dissonante Reizakkorde – in schmerzvoller Friedenserwartung –, die schließlich zurückgenommen werden.

FHWV 4: Messe für Knabenstimmen, 2 Trompeten, Altposaune und Kontrabass, op. 40

Das Werk entstand 1958 als letztes der insgesamt drei Messkompositionen, die Herzog zwischen 1956 und 1958 schuf. Weiterhin existieren die *Messe una sancta ecclesia* (FHWV 3) und die *Cäcilienmesse* für Männerchor (FHWV 2), die Herzog zusätzlich durch Orgelalternativen ergänzte.

Gewidmet ist die *Knabenchormesse* Rudolf Mauersberger und dem Dresdner Kreuzchor. Der Widmungsträger führte das Werk auch am 24. Mai 1958 zum ersten Mal auf – nicht, wie man annehmen könnte, in der mittlerweile wiederhergestellten Dresdner Kreuzkirche, sondern in derjenigen des in der Oberlausitz liegenden Ortes Seifhennersdorf (übrigens unter Leitung des Komponisten). Seit Mauersberger dort seine eigene *Geistliche Sommermusik* im Mai 1949 uraufgeführt hatte, nutzte er gerne diese Kirche zur Durchführung musikalischer Experimente, die möglicherweise bei der Dresdner Bevölkerung nicht auf Gegenliebe gestoßen wären. Anschließend brachte er es in der nächsten Kreuzchorvesper in der Elbestadt zu Gehör, worauf ein eher verhaltenes Presseecho folgte. Zumindest gestand man zu, die Messe sei „ein Werk von Eigenart" und weise „Erneuerung auch aus liturgischer Verwurzelung"[102] auf, sei „sehr talentiert, doch anscheinend ohne die zwingende innere Notwendigkeit geschaffen".[103] Ganz anders klang es nach den Worten eines Göttinger Rezensenten, des späteren MGG-Herausgebers Ludwig Finscher, der im Nachhinein die Messe anhand des Uraufführungsmitschnitts beurteilt hatte: „Der nahezu asketische Ernst, die eigenwillige Strenge, die von keinen Rücksichten auf äußere Umstände verkümmerte Konsequenz dieser Musik scheinen uns einen neuen Ton in die jüngste deutsche Kirchenmusik zu tragen und stellen das Werk hoch über alle triviale ‚Gebrauchsmusik' […]; ein vergleichbares Werk […] wäre […] die Messe Igor Strawinskys."[104] Offenbar hatte Herzog mit seiner *Knabenchormesse* polarisiert.

Bereits die Besetzung ist ungewöhnlich. Aus ihr ergibt sich ein Problem, das möglicherweise auch zum negativen Urteil Mauersbergers führte: Die Tonhöhendistanz zwischen Knabenchor und Kontrabass sind extrem und können durch Trompeten und Posaune aufgrund der klanglichen Dominanz schwer ausgeglichen werden. Herzog sah sich daher veranlasst – offenbar erst nach Uraufführung und späterer Tonaufnahme durch den Kreuzchor (1960) –, die dreifache Besetzung des Kontrabasses in der Partitur vorzuschreiben.

Mauersberger war der Überzeugung, das Werk „klinge nicht". Woraus sich diese Einschätzung ergab, kann nur vermutet werden. Neben der Besetzungsproblematik dürfte es für ihn schwierig gewesen sein, mit den charakteristischen Kompositionsprinzipien bzw. Stilistiken zurechtzukommen: Herzog bezog sich einerseits auf die freie Reihentechnik Igor Strawinskys, andererseits auf Elemente des Jazz. Mit letzteren Anknüpfungen im Rahmen geistlicher Musik verfuhr interessanterweise zur selben Zeit Heinz Werner Zimmermann, dessen jazzinspirierte Kompositionen auch bei den Heinrich-Schütz-Tagen des Dresdner Kreuzchors 1957 aufgeführt worden waren. Ob Herzog sich von Zimmermann zu Jazzbezügen in der Kirchenmusik anregen ließ oder hier ein Fall künstlerischer Parallelität vorliegt, bleibt offen. Zu bemerken ist jedenfalls, dass Mauersberger in der 1960 entstandenen Tonaufnahme keinen rechten Zugang zu Herzogs *Knabenchormesse* fand und offenbar den jazzbezogenen Elementen keine Bedeutung beimaß.

Der Kontrabass bestimmt bereits den buchstäblichen Beginn der Komposition, des *Kyrie,* und dies nicht gezupft, sondern gestrichen. Auf diese Weise wird eine erdenschwere, sich ausdehnende Fläche musikalisch nachvollzogen, zu der die Knabenchorstimmen in kleinräumigen Tonfortschreitungen hinzutreten und damit eine bittende Position einnehmen. Nach auffälliger Spreizung der beiden Besetzungsebenen (sodass also der Knabenchor deutlich aufwärts und damit in die göttliche Sphäre geführt wird), sind die Blechbläser beim *Christe* erstmals vernehmbar. Nun tritt unverhoffte rhythmische Prägnanz auf, die mit dem gezupften Kontrabass gleichzeitig schwungvoll und attackierend wirkt, um schließlich wieder zur Ausgangssituation zurückgeführt zu werden. Das *Gloria* wird beherrscht durch ständige Takt- und Tonartenwechsel und drückt damit auch musikalisch den überschäumenden Lobpreis aus. All dies geschieht rhythmisch profiliert, mit einfallenden Bläserakkorden und gezupften Kontrabasstönen. Das Gegenstück hierzu stellt sich im mittleren *Christe*-Abschnitt ein: langgezogene, zurückgenommene, vornehmlich dissonante Klänge des Chores und der Instrumente machen das Leiden Jesu deutlich. Am Schluss des *Gloria* steht eine wunderbar aufsteigende, schwungvolle und zugleich strahlende Entwicklung, die Chor und Instrumente gleichermaßen ergreift.

Die Anfangssituation des *Credo* wird vom beinahe schon „walkenden" Kontrabass grundiert, der unmittelbar mit dem ebenfalls rhythmisch prononcierten Knabenchor im Dialog steht. Daneben ergeben sich im gesamten

Messteil mehrere reizvolle Satzmodelle, so die markante ausdeutend abfallende Sekund-Vorschlagsmelodik der Trompete im Zusammenhang mit der Kreuzigung. Auch faszinierend ist das Auferstehungsmodell, bei dem Kontrabasstremoli von einem abwärts gebildeten Quartenklang der Blechbläser ergänzt werden und die jenseitige göttliche Strahlkraft ausdrücken.

Das *Sanctus* ist von kompaktem Instrumentalsatz mit ergänzenden Chorstimmen geprägt, die gewissermaßen in ruhiger Bewunderung verharren. Das kontrastierende anschließende „Hosanna" ist dagegen tänzerisch mehrstimmig gesetzt und weist animierende, sich „anstachelnde" Motivwiederholungen auf, die sich mit dem Rhythmus des Chores verschränken und zur Steigerung führen. Der letzte Sopranton (e'') auf die Worte „in excelsis" steht zunächst isoliert da, leitet aber in dieser Weise zum folgenden *Benedictus* über. Auffallend ist wiederum in diesem Satzabschnitt, dass er – im Sinne des Textes – schreitend wirkt und insgesamt steigernd angelegt ist, somit unmerklich und prächtig in die „Hosanna"-Wiederholung mündet.

Das *Agnus Dei* schließlich beginnt als zweistimmiger A-cappella-Klagegesang, zu dem vorsichtig und dissonant die Instrumente hinzutreten. Beim dritten Ansatz des Gebets fallen im Instrumentarium die abfallenden Sekunden als übernommenes Crucifixus-Motiv auf – ein Zeichen der satzübergreifenden strukturellen Qualität dieser Messe. Das abschließende „Dona nobis pacem" hebt sich unmittelbar durch den anfangs a cappella gesetzten Knabenchor, nun sogar 3–4-stimmig, heraus. Hinzu kommt ein faszinierendes Steigerungsmodell, zu dem die nachfolgenden Instrumente ebenso beitragen wie insistierende Wiederholungen und Steigerungen innerhalb des gesamten Gefüges. Das Werk endet mit klangschönen, friedvollen harmonischen Wendungen.

FHWV 5: Crucifixus. Et resurrexit. Dona nobis pacem

Nicht nur die Tatsache, dass dieses ungewöhnliche Werk für Bariton, Chor und Orchester 1985 und damit ein Jahr vor dem Tod Herzogs vollendet wurde, lässt es als eine Art musikalisches Vermächtnis erscheinen. Auch sein Inhalt erlaubt diese Deutung: Äußerlich betrachtet, werden „nur" drei Auszüge des Messordinariums vertont, wobei die Reihenfolge dieser Textbausteine derjenigen im Messablauf entspricht. Doch bei genauerem Hinsehen entpuppen sich diese vom Komponisten zusammengestellten Textelemente als repräsentativ für die zentralen Intentionen des christlichen Glaubens: Kreuzigung, Auferstehung, Friedensbitte.

Diese inhaltliche Interpretation ist genau genommen eine Mutmaßung, da Herzog sich zum Werk nicht geäußert hat. Auch ist nicht bekannt, ob er an bestimmte Interpreten dachte, die es in seinem Sinne hätten aufführen können. Wohl hatte er es aufgrund der hohen singtechnischen Anforderungen nicht dem Göttinger Knabenchor zugedacht. Und doch wurde es gerade von diesem unter seinem 1997 amtierenden Dirigenten Stefan Kaden zusammen mit dem Göttinger Symphonie-Orchester am 25. Mai des Jahres in der Aula der Universität Göttingen uraufgeführt. Anlass war der 70. Geburtstag Herzogs. Und sogar eine Wiederaufführung, diesmal mit der Göttinger Stadtkantorei und der NDR-Radiophilharmonie Hannover unter Bernd Eberhardt, fand 2013 statt.

Herzog scheint in diesem Werk alle ihm zu Gebote stehenden kompositorischen Mittel im Sinne plastischer Textabbildung und emotionaler Expressivität anzuwenden. Stilistisch bewegt sich die Musiksprache zwischen romantischen Gefühlsausbrüchen, impressionistischen Schwebezuständen und modern anmutender Härte und Schlagkraft. Dabei beschreitet Herzog den Weg zur Atonalität oder zu experimentellen Techniken nicht, sondern entwickelt die Komposition freitonal. Im übrigen zeigen sich seine besonderen instrumentatorischen Fähigkeiten.

Wie sehr bereits das *Crucifixus* kompositorisch geplant ist, welche strukturelle Qualität ihm zukommt, lässt sich an der schlüssigen Gesamtkonzeption mit verschiedenen beibehaltenen musikalischen Ideen erkennen. Dies führt so weit, dass der einstimmige Anfangs- und Endton des Stückes identisch sind. Polyphone Verarbeitungstechniken wie ein unheilverheißender Sekundkanon finden sich neben der Integration der kommentierenden Choralmelodie „O Lamm Gottes, unschuldig".

Der Satz ist durchgängig von tragischer, schmerzerfüllter, leidbeklagender Stimmung geprägt, die sich von einem introvertierten Beginn bis zur vollkommenen Dramatik entwickelt. Durchgängige Mittel Herzogs sind der gezielte Einsatz von Intervallen, wie etwa dem anfangs erklingenden Tritonus (als Zeichen des Leides) und dem kleinen Sekundschritt (als musikalisierte Seufzerpassagen). Bereits der Beginn enthält diese zentralen Ideen innerhalb der Orchesterstimmen: Eine dreitönige chromatische Tonfolge wird in unterschiedlicher Richtung und verschiedenen Stufen phasenverschoben gegeneinandergesetzt – ein Prinzip, das in langsam sich entwickelnder Ruhe auf verschiedene Instrumente übertragen wird und sich aus der Mittellage in die Höhe, von dort aus wieder sukzessive abwärts entwickelt. Ziel dieser sich steigernden tragisch-schmerzvollen Atmosphäre ist der mit drei Paukenschlägen durchsetzte erste Choreinsatz (Bass), der gemeinsam mit den Orchesterstimmen wiederum einen Tritonus bildet.

Allein die Beschreibung dieses ersten größeren musikalischen Abschnitts verdeutlicht wesentliche Gestaltungsmittel, die sich an verschiedenen Stellen des Satzes in unterschiedlicher Gewichtung und Potenzierung finden. Hinzu treten noch weitere zentrale Motive, wie etwa eine dreimal oktavierend abwärts geführte Streicher-Seufzerfigur, die von einem dissonierenden Bläserakkord dunkelgefärbt beantwortet wird. Steigerungsmodelle in dramatisch auf- und abwärtsgeführten Sequenzierungen bestimmen ebenso den Satz. Die Passage „etiam pro nobis" beginnt im Instrumentarium als sphärischer, transzendentaler B-Dur-Dreiklang, dem eine schlichte durähnliche Melodie im Chorsopran beigegeben ist. Geradezu illustrativ gerät Herzogs orchestrale Abbildung der Geißelung bzw. Kreuzigung: Pauken und bedrohlich anschwellende Blechbläser folgen aufeinander, wonach ein Streicherakzent auf abfallendem, hoch angesetztem Ganztonakkord erklingt.

Die Darstellung des Kreuzwegs ist ebenfalls konkret vorstellbar geraten: Ein schreitendes Bass-Ostinato ist sein Fundament, worüber sich ein tragisch-chromatisches Stimmengeflecht der höheren Orchesterinstrumente erhebt. Dazu ist (mit der Zeit immer deutlicher) vom Chor die Melodie „O Lamm Gottes, unschuldig" wahrzunehmen. Von diesem dramatischen Höhepunkt wird das Geschehen zur Anfangssituation zurückgeführt und damit bogenförmig beschlossen.

Das *Et resurrexit* ist für Bariton und Orchester konzipiert. Der Solist tritt hier meist sehr erregt auf, wobei die melodische Bewegungsrichtung tendenziell aufwärts (in Richtung der Auferstehung) geführt wird. Im weiteren Geschehen wird der Stimmenverlauf großräumig, wellenförmig, teils punktuell. Inhaltlich kommt dem Bariton die Aufgabe zu, die Auferstehung zu beschreiben. Dies geschieht in leidbestimmter, angstvoller, im besten Sinne ehrfürchtiger Weise, womit ein Aufgehen in transzendentaler Einheit zwischen Mensch und Gott ausbleibt.

Die instrumentale Grundidee des Satzes ist erneut programmatisch: Durch übergreifende aufsteigende Figuren wird die Auferstehung verdeutlicht, ein Prinzip, das anfänglich mehrfach wiederholt und über die verschiedenen Klangregister des Orchesters durchgeführt wird. Das Ziel dieser Entwicklung ist bei den Worten „sedes ad dexteram patris" eine majestätischeinschüchternde Figur, die sowohl göttliche Herrschaft als auch göttliches Gericht symbolisieren kann. Gleichzeitig wird die ständig gegenläufige Bewegung in allen Stimmen durchgeführt – um so vermutlich die Verbindung zwischen Diesseits und Jenseits in wechselseitiger Abhängigkeit zum Ausdruck zu bringen.

Das *Dona nobis pacem* ist dramaturgisch zweigeteilt. Zunächst hebt ohne Vorspiel eine freitonale choralähnliche Vertonung an. In den mehrstimmig locker gefügten Stimmen tauchen stets Ziel- oder Signalklänge mit emotionalem Gehalt auf: Als Cluster wirken sie unheilvoll und scharf, als halbverminderter Akkord dagegen sehnsuchtsvoll. Insgesamt liegt aber auch gelegentlich ein strahlend prachtvoller Chorsatz vor, der von vielstimmiger Anlage und konsonanten Akkorden bestimmt ist. In diese vergleichsweise idyllische Atmosphäre tritt ein auffallendes Blechbläsermotiv in ganztönig bestimmter, reizvoller Klanglichkeit ein, das aufwärts sequenziert wird und die an Gott gerichtete Bitte um Frieden zum Ausdruck bringen kann. Weiterhin ziehen sich, ähnlich wie im *Crucifixus*, Tritonus und kleine Sekunde als leid- und schmerzausdrückende Intervalle durch die Partitur – ein Verhältnis, das sich sowohl melodisch als auch mit Bezug auf die Akkordbeziehungen nachweisen lässt.

Eigentlich könnte mit einem zäsurbildenden Oktav-Quint-Klang das Stück friedvoll beendet sein. Stattdessen schließt sich ein stark kontrastierendes, freitonales „Schreckensgemälde“ in hämmernder Eindringlichkeit an, was sich auf die gesamte Besetzung bezieht. Hier soll offenbar die keinesfalls friedvolle Realität mit all ihrer Widersprüchlichkeit und Härte dargestellt werden. Erst nach der Rückführung dieser hochdramatischen Passage erfolgt die abschließende, transzendentale Friedensbitte aus der Höhe durch die Frauenstimmen, die im wohlklingenden, warmen Orchesterklang ihren Abschluss findet. Bemerkenswert ist noch, dass auch in diesem Satz, wie in den zwei übrigen, die Paukenschläge als Ausdruck der Kreuzigung und des Schicksals ein durchgängiges Motiv darstellen. Sie machen die strukturelle Einheit deutlich, welche zwischen den drei Sätzen besteht.

FHWV 12: Du wirst meine Seele nicht dem Tode lassen

Entstanden ist diese Motette vermutlich 1954/55. Sie könnte demnach für den Städtischen Chor Peine geschrieben worden sein, den Herzog bis 1955 leitete. Da er sie aber nicht mit diesem Ensemble aufführte und zum Entstehungszeitpunkt der Schulchor des Felix-Klein-Gymnasiums noch nicht in der Lage gewesen war, sie aufzuführen, liegt die Vermutung nahe, dass Herzog sie für den Dresdner Kreuzchor geschrieben hat. Uraufgeführt wurde sie allerdings erst im Mai 1962 mit dem Schulchor des Felix-Klein-Gymnasiums unter Leitung des Komponisten.

Das Werk verortet in seiner modalen, quinten- und quartendurchsetzten Schreibart Herzog eindeutig als Vertreter der gemäßigten Moderne, der sich zeitweise von der Leipziger Schule inspirieren ließ, ohne ihr angehört zu haben.

Das beherrschende Bild des Stückes, das irdische Aufblicken in die göttliche Sphäre, wird im Wechsel zwischen aufsteigenden Oktaven und Akkorden mehrfach zum Ausdruck gebracht. Die einzelnen Ansätze hierzu sind bzgl. des Ambitus und der harmonischen Schärfe insgesamt spannungssteigernd angelegt – eine sinnvolle Dramaturgie.

Schon der Beginn ist symbolisch deutbar: Aufsteigende Akkorde mit teils rascher, taktgegenläufiger Rhythmik versinnbildlichen die bedrängte irdische Perspektive auf die göttliche Dimension. Bei den Worten „du tust mir kund den Weg zu Christi" wird ein teils verschlungener, aber tendenziell ebenfalls aufsteigend geführter Weg in Oktaven nachgezeichnet. Am Ende dieses Weges stellt sich Strahlkraft ein. Der anschließend wiederum aufwärts gerichtete Freudentaumel mit signalartigen Motiven im Knabenchor bei rhythmisch verlängerten Imitationen in den Männerstimmen gemahnt stark an die Handschrift Hugo Distlers. Bei den Worten „zu deiner Rechten ewiglich" schwingt sich der gesamte Chor – ähnlich wie am Beginn der Motette – erneut in zwei Ansätzen oktaviert in die Höhe, um jeweils in strahlende Akkorde zu münden.

FHWV 22,2: 3 Motetten in rezitativischem Stil, „Wir bauen an dir mit zitternden Händen"

Zu Rainer Maria Rilke hatte Herzog eine besondere Beziehung, wenn es um tiefgründige, transzendentale Themen ging. So verwendete er seine Texte mehrfach als Vorlage für Kunstlieder, wobei nur bedingt deren Entstehungszeit bekannt ist. Vermutlich wurden sie am Ende der 1940er Jahre geschrieben. Es ist ein Zeichen für die konzentrierte Beschäftigung mit seiner Lyrik, dass Herzog auch die *3 Motetten in rezitativischem Stil* auf Texte aus Rilkes „Buch vom mönchischen Leben" im Jahre 1951 vorlegte.

Die wohl bekannteste dieser Motetten ist die zweite, welche Rudolf Mauersberger und dem Dresdner Kreuzchor zugeeignet wurde. Am 8. Oktober 1960 fand während der Vesper in der Dresdner Kreuzkirche die Uraufführung statt. Mauersberger hat daraufhin das Stück zahlreich, auch auf Tourneen, am Beginn der 1960er Jahre zu Gehör gebracht, die beiden anderen Rilke-Motetten dagegen nie. Ob sie ihm überhaupt zur Kenntnis gelangt sind, ist unbekannt, und eine Widmung blieb ebenfalls aus. Dabei wären auch für *„Alle, welche dich suchen"* und *„Die Könige der Welt sind alt"* aufgrund ihrer klanglichen Ausrichtung sowie der großen gesangstechnischen und interpretatorischen Herausforderungen Mauersberger und der Dresdner Kreuzchor ideale Interpreten gewesen.

Was Franz Herzog mit „rezitativischem Stil" meinte, ist nur auf den zweiten Blick verständlich. Das Rezitativ im geläufigen Sinne – als einstimmiger Sprechgesang – liegt zwar gelegentlich auch in oktavierten Chorstimmen vor, ist aber keinesfalls dominierend. Vielmehr ist hier eine allgemeinere Auffassung des Rezitativischen als dem Sprechen angenäherte Singweise zu verstehen, womit ein Rückbezug zum stilo recitativo im Sinne von Heinrich Schütz angenommen werden kann.

In der zweiten seiner Rilke-Motetten gelingt es Herzog, plastische musikalische Bilder zur Textvertonung zu schaffen. Insgesamt steht sie auf kirchentonalem Fundament, was die stilistische Verortung in der gemäßigten Moderne erneut verrät und die freitonaleren Entwicklungen späterer Jahre noch nicht erkennen lässt. Der Komponist hat wohl stets den Kreuzchor als Interpret im Blick bzw. inneren Ohr gehabt, da mehrfach die dynamischen und ambitionalen Möglichkeiten bis an die Höchstgrenze ausgereizt werden. Bezeichnend ist, wie sich die Nähe des Komponisten zu Mauersberger auch im gezielt gestaltenden Einsatz des Chorklanges manifestiert.

Rilkes Gedicht ist in vier Abschnitte gegliedert, die sich jeweils in treffende Bilder (auch musikalisch) umsetzen lassen:

1. das Bauen des Doms
2. das zerfallende Rom
3. die zerschlagene Welt
4. traumhafte Vision

Im ersten Abschnitt ist das Bauen plastisch im Chorsatz vertont. Es liegt eine akkordisch-melodische Steigerungsform mit blockhaft placierten Harmonien vor, und dies in der Aufteilung von grundierend massivem

Männerchor und aufstrebendem Knabenchor. Dadurch entsteht der Eindruck eines musikalischen „Auftürmens", das nur durch ein zwischenzeitliches einstimmiges „Rezitativ" („Wer kann dich vollenden") unterbrochen wird. Reizvolle Harmoniefolgen steigern sich schließlich bis zum strahlenden Chormelisma „Dom": Eine festliche, evtl. glockeninspirierte Klanglichkeit macht sich breit, bei der auch ineinandergreifend die Männerstimmen in akkordische Bewegung geraten. Diese Passage ist faszinierend und besitzt größten Erinnerungswert.

Im zweiten Abschnitt wird bereits das zerfallende Rom durch die herabfallenden, dunklen punktierten Akkorde ausgedrückt. Nach der rezitativischen Vorgabe im Chorsopran folgt eine spannungsgeladene, aufwärtsgerichtete Akkordsequenz, die an ihrem Höhepunkt ebenfalls herabfällt. Ähnliche Ideen wiederholen und steigern sich, stellenweise auch vereinzelt, im Laufe dieses Abschnittes, wobei das wiederholende, drängende Insistieren besonders charakteristisch ist.

Der dritte Abschnitt mit seiner zentralen Formulierung „sie wird zerschlagen" erhält die musikalisch entsprechende Umsetzung durch ineinandergreifende, unruhige Akkordbrechungen – ein wiederum sehr plastisches Ausdrucksmittel. Ähnlich bei der Passage „eh deine Türme Kuppeln tragen": Hier taucht ein akkordischer Dialog zwischen Ober- und Unterstimmen über einem stabilen Orgelpunkt auf, der sich zur diatonisch verzahnten Feierlichkeit (ähnlich des „Dom"-Abschnittes) entwickelt. Im Notentext sind die bogenförmigen Kuppeln anhand der melodischen Verläufe geradezu optisch erkennbar. Weiterhin sehr gut gelungen ist die Vertonung der „strahlenden Stirne". Herzog schafft hier einen akkordischen Abschnitt, der das Strahlen durch extreme Höhe (bis zum Spitzenton a") und satztechnische Weite vor Ohren führt.

Die beiden wichtigsten Elemente des vierten Abschnitts werden gleich zu Beginn vorgestellt: Auf eine träumerische Atmosphäre in rhythmisch und tonal unkonkreter, sehr groß distanzierter Anlage folgen mehrere Stimmeneinsätze eines markant aufsteigenden „Themas", das aber nicht kontrapunktisch streng verarbeitet, sondern nur als musikalischer Gedanke häufig zum Erklingen gebracht wird. Die Kombination aus diesen beiden Ideen (traumhafte Sphäre und energische Entschlossenheit) werden spannungsgeladen häufig gegeneinandergesetzt. Am Schluss steht eine unerwartet strahlende und energievolle Klanglichkeit, die das Stück vorerst faszinierend abschließt. Allerdings wird der erste Motettenabschnitt nochmals wiederholt, der ja gleichsam einen strahlend-feierlichen Endpunkt enthält.

FHWV 27: Ruf und Gebet

Dieses Werk hat eine Sonderstellung im Schaffen Herzogs, zunächst aufgrund seiner Besetzung, denn nur in zwei weiteren Fällen, den Alternativen zu seiner *Männerchormesse* (FHWV 2b) und der hiermit eng verbundenen *Kleinen Messe* (FHWV 202) sah der Komponist eine Orgel vor. Zum anderen handelt es sich bei *Ruf und Gebet* um eine Kombination aus zwei getrennt voneinander entstandenen Werken, die sich stilistisch stark voneinander absetzen. Zunächst entstand das *Gebet*, ein *„Pater noster"* für Chor a cappella, dem der *Ruf* als umgebende Klammer hinzugefügt wurde. Inhaltlich verbindet beide Bibelstellen der Verweis auf die menschliche Anfechtung, die Schuld, deren Vergebung betend erfleht wird.

Es ist nicht zu sagen, wann Herzog die lateinische Vater-unser-Vertonung schuf. Der erste Aufführungsnachweis findet sich am 8. Juli 1965 anlässlich des 75-jährigen Jubiläums des Felix-Klein-Gymnasiums in der dortigen Aula. In Kombination mit dem umschließenden *Ruf* „Wachet und betet, dass ihr nicht in Anfechtung fallet" erklang es erstmals am 16. November desselben Jahres in Göttingens Albanikirche. Es ist naheliegend, die Aufführungsdaten als Orientierungspunkt für eine beinahe zeitgleiche Entstehung beider Teile anzunehmen. Doch zeigt der Quellenbefund, dass das *„Pater noster"* vermutlich im Zusammenhang mit geistlichen A-cappella-Kompositionen bis zur Mitte der 1950er Jahre entstanden ist, auch wenn Herzog es mit seinem Schulchor des Felix-Klein-Gymnasiums gar nicht und mit dem Göttinger Knabenchor nachweislich erst 1965 aufgeführt hat. Auch hatte er eine Darbietung durch den Dresdner Kreuzchor erhofft, die allerdings nicht erfolgte; ob Herzog Mauersberger die Noten geschickt hat, ist ungewiss.[105]

Die Entstehung des *„Pater noster"* um 1955 anzunehmen, würde auch die stilistisch sehr divergierenden Charakteristika beider Werkteile erklären: Während *„Wachet und betet"* tonal eher frei gehalten ist, vorzugsweise dissonante Intervalle und Harmonien aufweist und sehr bedrängend, insistierend wirkt, verbleibt das *„Pater noster"* noch in einer eher gemäßigt modernen, modal gegründeten, an Mauersberger und vielleicht Distler orientierten Tonsprache, die nicht nur bei Herzog in der Mitte der 1950er Jahre stilbildend war. Grob vereinfacht, ist die klangliche Nähe des *„Pater noster"* zur Rilke-Motette *„Wir bauen an dir"* (FHWV 22,2) größer als etwa zum *Fluch des Krieges* (FHWV 57), dem wiederum *„Wachet und betet"* klanglich sehr verwandt ist.

So frei wie die Tonalität ist auch im *Ruf* die Taktwahl: Ständige Taktwechsel lassen keinen durchgehenden Puls erkennen; entsprechend ist die metrisch-rhythmische Gestaltung flexibel und kann jeweils den Ausdruckswillen aufnehmen. Viele Wiederholungsstrukturen, sowohl wörtlich als auch in Sequenzen, führen zu unvermuteten bedrängenden Steigerungen, wie etwa im zentralen Ausspruch „dass ihr nicht in Anfechtung fallet". Andererseits wird mit diesen Mitteln am Ende der Komposition auch eine nicht vorauszuhörende Strahlkraft erreicht.

Prägende Intervalle des *Rufs* sind Sekunden, Quarten und Tritoni. Allein die Verwendung dieser Intervalle – melodisch horizontal und akkordisch vertikal – stellen in Anlehnung an den barocken affektbestimmten Intervallgebrauch, das Ermahnende, Bedrängende, Anfechtungsbewusste in den Vordergrund des gesamten Satzes. Angefangen bei den ersten Orgelakkorden, die den Beginn eines fulminant massiven Vorspiels bilden, bis hin zu den ständigen aufschreienden, oft bis ins stimmlich Extreme geführten Spannungsakkorden des Chores beherrscht den *Ruf* eine durchgehend attackierende Stimmung. Gelegentlich wird diese durch introvertierte, furchtsam wirkende Passagen in sphärisch-diffuser Klanglichkeit (insbesondere von der Orgel) abgelöst. Den ersten Choreinsatz bildet übrigens eine zweistimmige Intervallspiegelung am Zentralton c, die in verschobenen Sekundschritten ständig Tritonus- und Sekundklänge ansteuert. Die nach jedem dieser auffordernden Anfangsrufe folgenden Generalpausen lassen die Vermutung zu, dass Herzog den kirchenakustischen Nachhall beim Komponieren „mitdachte" und für eine adäquate Aufführung vorausgesetzt hat.

Das *„Pater noster"* stellt sich formal als zweiteilige Anlage mit Coda heraus. Es beginnt als ein von den Männerstimmen ausgehender, ruhig schreitender Satz in gemäßigt moderner Klanglichkeit, der – wie es bei Herzog zu vermuten ist – zur Steigerung bis hin zum Strahlen (bezeichnenderweise bei dem Wort „caelis") führt. Mehrmals sind solche aufstrebenden Steigerungsformen mit entsprechend reizvollen Zielklängen zu finden. Besonders hervorzuheben ist eine an Igor Strawinsky gemahnende kreisend tonale Prachtpassage, die durch einen herrlichen, warm strahlenden Gang in Sextakkorden auf der Grundlage des Orgelpunkts c′ vorgenommen wird. In vielfacher, bedrängender Motivwiederholung erklingt „et dimitte debita nostra". Damit stellt Herzog auch in seinem *„Pater noster"* die Schuld und ihre Vergebung als zentralen Gedanken heraus.

In beiden Teilen von *Ruf und Gebet* überrascht die formale Beherrschtheit mit motivischer Konsequenz und Geschlossenheit, die ein planvolles Komponieren voraussetzt. Hierin zeigt sich ein wesentlicher qualitativer Aspekt, der für Herzogs Schaffen charakteristisch ist.

FHWV 41: Händel-Historical

Die ursprüngliche Idee zu diesem umstrittenen Werk war so profan wie durchschlagend. Herzog hatte in den frühen 1960er Jahren einem Konzert der Wiener Sängerknaben beigewohnt, das neben überzeugenden Interpretationen aus dem Chorrepertoire eine theatralische Besonderheit enthielt: Aus dramaturgischen Gründen entwickelte sich am Ende des abschließenden Singspiels auf der Bühne zwischen den Chormitgliedern eine inszenierte Prügelei. Herzog war von dieser Idee begeistert und suchte nach Möglichkeiten, etwas ähnliches mit dem Göttinger Knabenchor zu veranstalten. Jahre später stieß er bei der Beschäftigung mit der Biographie Georg Friedrich Händels auf jene Begebenheit, dass sich die zu Händels Zeiten in London konkurrierend gegenüberstehenden Sängerinnen Francesca Cuzzoni und Faustina Bordoni auf offener Bühne „in die Haare" bekamen – mitsamt deren anwesender Anhängerschaft.

Von diesem Gedanken ausgehend, schuf Herzog ein nicht ohne Hintergedanken im Untertitel so bezeichnetes „Buffo-Operatorium", das *Händel-Historical,* für das er als literarisch begabter Komponist gemeinsam mit Gisela Krahmer das Libretto schrieb. Von den insgesamt vier Szenen behandeln die drei ersten im Sinne einer Oper in dichterischer Freiheit die historischen Begebenheiten um Händel, dessen Opernunternehmen erneut bankrott ist, was wiederum Proteste seiner Angestellten zur Folge hat. Hinzu tritt besagter Sängerinnen-Konflikt, der zur von Herzog gezielt angesteuerten Prügelei am Ende der dritten Szene führt. Den Schluss des Geschehens bildet die Wiedergabe des angeblich wieder aufgefundenen Händel-Oratoriums „Carolina" – so teilte es jedenfalls ein zwischen 3. und 4. Szene auftretender (fingierter) britischer Musikwissenschaftler während der Aufführung in der Stadthalle Göttingen mit. Dieses Oratorium stellt sich allerdings, wie das gesamte *Historical,* nicht als originale Musik Händels, sondern als deren freundliche, ironische, bissig-provokante Verzerrung, Dehnung, Sprengung durch das Konfrontieren mit der Unterhaltungsmusik heraus, ergänzt durch eigene kompositorische Beiträge Herzogs.

Die Besetzung in Gestalt einer Play-Händel-Band aus Klavier, Schlagzeug und Bass gibt schon die stilistische Offenheit des Werkes vor. Solisten, Chor und ein Sinfonieorchester treten hinzu. Allein die Vielfalt der Werke ist faszinierend, derer sich Herzog großzügig überarbeitend bediente: Auszüge aus *Athalia, Salomon, Messias, Judas Maccabäus,* einer *g-Moll-Suite* und der

Oper *Xerxes* wurden als Vorlage verwendet. Herzog orientierte sich dabei häufig, wie etwa in der anfänglichen Ouvertüre, zunächst sehr eng am Original, um es geschickt Schritt für Schritt zu verfremden und mit aktuelleren Ausdrucksformen, insbesondere der Unterhaltungsmusik, zu konfrontieren. Auch aktualisierte und persiflierte er manche Händel-Originale von Beginn an; so mutierte etwa das im ¾-Takt stehende *Largo* aus der Oper *Xerxes* zu einer geradtaktigen Schnulze. Gegenstand der aktuellen Parodie waren zudem die Wiener Sängerknaben und Heintje mit jeweils charakteristischen Melodien.

Dass ein solches „Operatorium" im Reigen der Veranstaltungen des Händelfestes 1971 isoliert dastand, war nicht zuletzt Herzog klar. Im entsprechenden Programmheft äußerte er in seiner charakteristischen, unterschwellig humorvollen Art wesentliche Gedanken zum Werk: Das „Händel-Historical soll sich dem Händel-Fest nicht einfügen; selbst Händel-Fugen, die darin vorkommen, passen nicht in das bisherige Gefüge dieses Festes. Mit Fug und Recht könnte man sagen, daß es sich um einen Fremdkörper handelt, falls es befremdlich ist, daß man Händel einmal nicht mit dem gebotenen Ernst exemplarisch darbietet, sondern andere Wege sucht [...] Die Qualität eines Gewebes zeigt sich an der Strapazierfähigkeit. In allen Musikszenen werden Zerreißproben Händelscher Musik vorgenommen. Sie mißlingen. Händels Musik behält Glanz, Kraft und Eleganz trotz aller Knüllungen und Dehnungen. [...] Die Formen der Pornode, der Schnulze, des Protest-songs und des Trink-beat sind so eindeutig in unserem Jahrhundert angesiedelt, daß sie dem Liebhaber historischer Musik wohl auf die Zehen treten werden, wenn solche Unhöflichkeit auch gar nicht beabsichtigt ist. Zum Kurzoratorium der Szene IV sei bemerkt, daß einem wirklichen Händelfreund die weltweite Resonanz auf Play-Bach nicht gleichgültig sein kann. Auch Händel hat es verdient, geplayed zu werden."[106]

Die Reaktion auf das Werk war kontrovers. Begeisterung und Ablehnung, ja Verärgerung hielten sich die Waage. Die Aufführung war ein einmaliges Experiment Herzogs mit dem Göttinger Knabenchor, das Werk bei aller zeitbedingter Persiflierung auch in seiner anspruchsvollen und übrigens schwer ausführbaren Gestalt ein beachtenswertes Dokument.

FHWV 56: Five Short Songs

Aus Anlass der USA-Tournee 1972 schrieb Herzog diese Sammlung fünf kleiner Lieder, die musikalisch nicht zum Anspruchsvollsten gehört, aber dennoch eine eigentümliche, einzigartige Komposition ist. Textgrundlage aller Stücke ist die *Beggar's Opera* von John Gay – ein inhaltlicher Rückbezug zum im Vorjahr entstandenen *Händel-Historical* (FHWV 41).

Die *Short Songs* sind für Männerchor und Klavier konzipiert. Welche stilistischen Anleihen in diesem Falle besonders prägend wirken, verraten bereits die ersten Takte des Klavierparts: Im Prinzip orientiert sich Herzog an einer jazzgeprägten Ragtime-Stilistik. Die charakteristischen, rhythmisch pointierten Figuren bewegen sich über die gesamte Klaviatur und lassen das Vorbild tendenziell erkennen. Schwierig erweist sich die Dechiffrierung lediglich dadurch, dass die tänzerischen Jazz-Anleihen nicht kopiert, sondern abstrahiert werden. Harmonisch und tonal bewegen sich die *Short Songs* nämlich in einem sehr großzügigen, dauernd modulierenden Sinne. (Ähnlich verfuhr Herzog übrigens mit seinen *4 Bagatellen* bzw. *Pro-fantasien* und *3 Banalysen* für Klavier (FHWV 197/198). Der hinzutretende, meist dreistimmig gesetzte Männerchor nimmt die rhythmischen Akzentuierungen in oft blockhafter, selten mehrstimmig unabhängiger Weise auf. Die Stimmungen der jeweiligen Stücke gehen auf die entsprechenden Textinhalte ein.

FHWV 57a: Fluch des Krieges

Im April 1960 informierte Herzog Rudolf Mauersberger darüber, dass er „gerade an einem Chorliederbuch nach Li-Tai-Pe-Gedichten in der Übersetzung von Klabund" arbeite.[107] Auf der Suche nach neuen Themen und kompositorischen Ansätzen hatten ihn die schonungslos das Kriegsleid schildernden Zeilen des bedeutenden östlichen Dichters spontan angesprochen – reflektierten sie doch Erfahrungen, die sich, wenn auch zu anderem Zeitpunkt, mit den eigenen während des Zweiten Weltkrieges deckten. Herzog bat Mauersberger darum, ihm erste Vertonungen für Chor schicken zu dürfen. Ob der Adressat hierauf eingegangen ist, wissen wir nicht. Jedenfalls sind Li-Tai-Pe-Vertonungen Herzogs bisher vom Dresdner Kreuzchor nicht gesungen worden.

Insgesamt drei Zyklen – zunächst einmalig unter dem Namen *Chorliederbuch*, nachfolgend dann *Fluch des Krieges* – schuf Herzog zwischen 1960 und 1964. Eine letzte Überarbeitung legte er 1980/81 aus Anlass einer Aufführrung des Göttinger Knabenchors unter Leitung seines Nachfolgers Torsten Derlin bei den Göttinger Händelfestspielen vor. Es ist interessant festzustellen, wie sich im Gegensatz zum *Chorliederbuch* (FHWV 89) der angeschlagene Tonfall beim *Fluch des Krieges* (FHWV 57a–c) vollkommen wandelt. Ist die erste Vertonung noch sehr der gemäßigten Moderne verpflichtet, drückt sich Herzog drei Jahre später wesentlich expressiver, kompromissloser aus. Seine Experimentierfreude reichte in der ersten Fassung des Werkes bis zur zwölftönigen Anlage der Sätze für Baritonsolo und Instrumente – wo Herzog doch meist auf tonalem Fundament komponierte.

Allein die Chorstücke verraten, dass Herzog neben der kriegskritischen Haltung des Textes auch dessen dramatisches Darstellungspotential gereizt hat. So sind alle für Chor gesetzten Abschnitte formal in Szene gesetzt, um die Schilderungen in der Übertragung Klabunds wirkungsvoll zu musikalisieren. Das titelgebende Eröffnungsstück ist sehr dissonant, durchbrochen und kontrastreich gestaltet, die textlichen Bilder und Emotionen werden plastisch und ergreifend umgesetzt. Der Klavierpart ist anfangs durch alarmierende Quartenklänge und unheilvolle, grollend wirkende Figuren am Beginn geprägt – all dies in relativer tonaler Labilität. Nach dem ersten Einsatz in langen, impressionistisch inspirierten Klängen schildert der Chor teils aufwärts aufschreiend, teils resignativ, eine erschütternde Situation: „Der Pferde Schrei" ist in den dissonant harten Akkorden förmlich zu hören, der Marsch der Soldaten ist in verstocktem, pausierendem Gleichschritt auskomponiert, und die „krächzenden Raben" erhalten ihre musikalische Entsprechung durch kurze Notenwerte in eng gelegten dissonanten Klängen. Der größte Aufschrei des Stückes liegt in dreifacher unmittelbarer Wiederholung bei der zentralen Botschaft („So sei verflucht der Krieg") in chorischen Extremlagen vor, wobei das vorherige Klavier-Quartenmotiv in die Chorstimmen übergegangen ist. Emotionales Gegenstück scheint zunächst das zweite Chorstück des Zyklus zu sein *(„Ich träumte von dem Regenbogen")*: Ein traumhaft idyllischer, fast schon romantisch zu nennender Anfang des unbegleiteten Knabenchors lässt trotz dissonanter Eintrübungen das bald auftretende turbulent kreisende und dahinwerfende Modell im Klavier nicht erahnen. Es folgt die drastische Schilderung der getöteten Tiere und der Situation nach offensichtlichem Gemetzel. Ein beeindruckendes musikalisches Bild ist die sequenzartige, bis zum Strahlen geführte Übertragung der Formulierung „dass ich aufsteige". Eine ähnliche, zunächst idyllisch anhebende Stimmung breitet sich *An der Grenze* aus, in dem fast unhörbar eine flötenähnliche Melodie im Klavierdiskant auftritt und damit die Naturschilderung des Textes aufgegriffen wird. In die statische Situation bricht allmählich Unruhe ein, da der Frühlingswind nichts Gutes verheißt. Immer deutlicher werden kriegerische Gedanken zum Ausdruck gebracht, die sich auch in den insistierenden, marschähnlich rhythmisierten dissonanten und extremen Akkorden musikalisch umgesetzt finden – bis hin zum Höhepunkt von Drastik und Expression, bei der Darstellung eines abgespaltenen Kopfes. Der *Krieg in der Wüste Gobi* ist textlich und musikalisch eine Mischung aus unheilvoller, angstbesetzter Stimmung mit drastischer Expressivität. Hämmernde Klavierfiguren treiben erneut einen emotionalen „Wellenritt" mit drastischer, tonal instabiler Harmonik und insistierender gleichmäßiger Rhythmik voran, wobei chorische Extremlagen häufig zu finden sind. Diese ergreifende Atmosphäre wird ergänzt und verstärkt durch die Vertonungen für Bariton und Klavier: Ob die hoch emotionalen Schilderungen nun die Schreie der Raben oder die auf dem Warteturm stehende junge Frau betreffen – die Lieder sind in ihrer verstockten, kontrastreichen und atonalen Faktur so attackierend geraten, dass sie ihre teils verstörende, betroffen machende Wirkung auf den Hörer nicht verfehlen.

FHWV 62: Palmström-Suite

Dieses 1957 uraufgeführte Werk erregte direkt nach seiner Entstehung die größte Aufmerksamkeit und trug wesentlich zur Bekanntheit des Komponisten und seines damaligen Schulchores bei. Nach mehreren überfüllten Konzerten in der Aula des Felix-Klein-Gymnasiums kam 1958 die erste NDR-Rundfunkaufnahme zustande, die in der Folge auch mehrfach gesendet wurde. Einhelliger Zuspruch war zu vernehmen: Hier hatte ein Musiklehrer, den man als Komponist außerhalb Göttingens kaum wahrgenommen hatte, eine motivierende Schulmusik geschrieben, die bisher im doppelten Wortsinne unerhört war. An seiner Vertonung von Texten aus Christian Morgensterns „Palmström" entzündete sich auch die grundsätzliche Diskussion, inwieweit Unterhaltungsmusik in der Schule opportun sei.

Herzog folgte mit diesem Zyklus nicht ausschließlich einem künstlerisch-kreativen Impuls, so sehr auch die mit musikalischem Sinn geschriebenen Gedichte Morgensterns seinem Humor entsprachen. Vor allem verfolgte er mit dieser Suite eine Strategie. Er beabsichtigte, seinen Schulchor mehr als bisher für sich einzunehmen und daher für ihn eine Musik zu schaffen, die – grob vereinfacht – bei den Jungen „ankam". Zugleich wollte er mit den

Stücken chorerzieherisch wirken und letztlich bei Lehrern, Schülern und dem übrigen Publikum Begeisterung für den neuen Schulchor erzeugen. All dies war ihm gelungen. Später sollte er sich übrigens aufgrund des allzu großen Zuspruchs vom *Palmström* distanzieren.

Das Geheimnis dieser *Palmström-Musik* lag in der Verbindung der rezitierten ironischen Morgenstern-Texte mit einer eigentümlichen, diese Ironie aufgreifenden musikalischen Vertonung, die im zweiten Teil des Werkes auch von damals aktuellen unterhaltungsmusikalischen Stilen geprägt war. All dies vollzog sich in der gleichfalls ungewöhnlichen Besetzung von Chor, zwei Klavieren, Gitarre und Kontrabass. Und wie sich damalige Choristen erinnern,[108] war ihnen kaum oder gar nicht bewusst, in welcher Weise sie durch diese Kantate eigentlich Übungsstücke zum kontrapunktischen Singen, zur chorischen Aussprache, zur rhythmischen Präzision und zur dynamischen Flexibilität absolvierten. Herzog hatte offenbar mit dem Werk eine musikalische Sprache gefunden, die gleichzeitig erzieherisch wirkte und höchst motivierend war, in diesem Sinne also einem neuen pädagogischen Geist entsprach, bei dem das zu Lernende nicht offensichtlich und spröde bloßgelegt ist, sondern vielmehr indirekt, von den Schülern weitestgehend unbemerkt absolviert wird. Dem damaligen Rezensenten des Göttinger Tageblatts Ludwig Finscher blieb dieser Aspekt nicht verborgen: Herzogs „Morgenstern-Musik ist weder in ihrer kanonischen Führung noch in der klanglichen Kombination einfach, auch stellt sie an […] das rhythmische Gefühl beachtliche Ansprüche, aber es war eine reine Freude zu hören, wie die Knaben- und Männerstimmen unter der vorzüglichen knappen und zwingend formenden Zeichengebung ihres Leiters aus sich heraus kamen und begeistert mitgingen."[109]

Die Suite ist nicht nur äußerlich in zwei Teile gegliedert. Auch strukturell stehen sich unterschiedliche Stückformen gegenüber. Während anfänglich eher chorpädagogische Nummern zusammengestellt wurden, stehen im weiteren Verlauf verschiedentlich tänzerische Sätze, die sogar damals neueste Strömungen des Jazz und der lateinamerikanischen Tanzmusik kenntnisreich aufgriffen. Stilistisch bezieht der Komponist auch impressionistisch-schwebende Ausdrucksmittel, die zur Entstehungszeit aktuelle Bitonalität (besonders in den Klavierstücken) und beinahe die Zwölftonmusik ein.

Wie gekonnt gerade im *Palmström* Animierendes und Pädagogisches miteinander verbunden ist, zeigen die Untertitel mancher Sätze. Weder Choristen noch Hörer dürften sofort bemerken, dass *Die wirklich praktischen*

Leute eine „Rezitationsübung für Männerstimmen" ist und sich hinter der *Mausefalle* sowie den *Kugeln* zwei anspruchsvolle Kanons verbergen. Selbst der Satz *Palmström lobt,* eine „Hymne mit verregneten Zwischenspielen", wie Herzog formulierte, entspringt letztlich einer chorleiterischen, stimmbildnerischen Intention: Die vom Knabenchor vorzutragende langgezogene Hymne ist nur mit chorischer Atmung zu bewältigen, und die gleichzeitig durch den Männerchor präsentierte Unterstimme hat ihren Sinn ausschließlich bei rhythmisch präzisester Ausführung.

Der bipolare Ansatz macht sich auch in der Besetzung bemerkbar: Neben Chor und zwei Klavieren werden Gitarre und gezupfter Kontrabass eingesetzt. Die atmosphärisch reizvollsten Passagen liegen in den Sätzen bzw. Vorspielen für zwei Klaviere vor. Schon die Eröffnung vereint einen schwungvollen, energischen, eingängigen Ansatz einfacher melodischer Wendungen und zupackend-kraftvoller Harmonik mit skurrilen Abweichungen. Plötzliche Gefühlsumschwünge hin zur Nachdenklichkeit oder Dramatik stehen neben häufigen tonartlichen Konfrontationen. Die ersten Takte des bereits angesprochenen Satzes *Palmström lobt* stellen sich als eine Art geheimnisvoll-dramatisches modernes „Regentropfen-Prélude" im wörtlichen Sinne heraus: Reizvoll werden sukzessive gleichmäßige, rhythmisch leicht verschobene Modelle gegeneinandergesetzt und so ein Regenschauer von seinen unscheinbaren Anfängen bis zum Wolkenbruch nachgezeichnet. Meisterhaft gelingt es Herzog, über die beiden Klaviaturen diese Entwicklung musikalisch konstruiert zu haben – eine Passage, die übrigens elf der zwölf existenten chromatischen Töne verwendet.

Die schwungvollsten Stücke des Zyklus' stehen am Schluss. Die Bezüge auf zur Entstehungszeit aktuelle Formen aus der Unterhaltungsmusik erschließen sich erneut aus den Untertiteln der Sätze. Neben einem Walzer (übrigens im Spiegelkanon geschrieben) finden sich Slowfox, Blues, Boogie und Calypso. Die Machart dieser aktivierenden, nun das gesamte Instrumentarium einsetzenden Stücke bewegt sich sehr nah am stilistischen Vorbild, sodass unterhaltungsmusikalisch versierte Zuhörer nicht das Gefühl schlechter Imitation beschleicht. Motivische Anspielungen machen die Sätze noch reizvoller – wenn etwa im Vorspiel des *Polizeipferd*-Calypso entsprechende Sirenen und die Anfangsmotivik des Kinderlieds „Hopp, hopp, hopp" einbezogen sind.[110] Diese jazzinspirierten Stücke beweisen konzentriert die stilistische Flexibilität Herzogs. In seiner urwüchsigen, sehr wendigen Musikalität ähnelte er als Ausführender sehr Rudolf Mauersberger, der übrigens zur selben Zeit mit jazzinspirierten Werken Heinz Werner Zimmermanns in der Darstellung des Kreuzchors auf sich aufmerksam machte und mit diesem Repertoire intuitiv sehr überzeugend umging. Bei Herzog floss diese Wendigkeit – nun im Gegensatz zu Mauersberger – auch in die eigenen Kompositionen ein.

FHWV 136,2: 3 englische Songs, Old folks at home

Ein besonders schlichter und dennoch klanglich höchst reizvoller Satz ist der zweite der drei *englischen Songs*, die Herzog aus Anlass der USA-Tournee 1972 komponiert hatte. Das gesamte Gefüge ist homophon, die Melodiestimme verbleibt stets im Sopran. Der Satz wirkt geradezu choralähnlich in seiner 4–5-stimmigen Machart in ruhig entfalteter Klanglichkeit. Dennoch ergeben sich bei aller Schlichtheit mehrfach reizvolle durchgehende Nebenstimmen und bei Melodiewiederholungen interessante Alternativharmonisierungen. Der Mittelteil fällt besonders durch seine aufschwingende, weitgespannte Satzweise auf: Der Chor bewegt sich in allen Stimmen in die Höhe, was parallel mit dynamischer Zunahme große Klang- und Strahlkraft hervorruft. Hier liegt ein Satz vor, der seine intendierte prachtvolle Wirkung wohl nie verfehlt.

FHWV 155,1: 5 Volksliedbearbeitungen, Auf einem Baum ein Kuckuck saß

Mit seinen fünf Volksliedbearbeitungen legte Herzog eine reizvolle Sammlung inspirierter Arrangements vor. Sie entstanden 1966 und sind für die Praxis des Göttinger Knabenchores geschrieben.

Die Bearbeitungen beschränken sich nicht auf die mehrstimmige, mehr oder weniger farbenreiche Melodieharmonisierung und sind Beispiele eines szenisch nachzeichnenden Ansatzes, bei dem sich die Textinhalte in den illustrierenden Ausdrucksmitteln wiederfinden. Dies geschieht durch einen grundsätzlich freien Umgang mit der stets erkennbaren Melodie, deren Phrasen abgebrochen, deren Geschwindigkeit variiert, deren Rhythmik verändert und deren Tonalität sogar gewechselt werden kann.

Die erste Bearbeitung *Auf einem Baum ein Kuckuck saß* macht diesen sehr freien Umgang mit der Volksliedvorlage schon in den ersten Takten deutlich, ohne dass man die spätere starke Loslösung ahnen könnte. Bereits das textprägende Kunstwort („simselabimbambaseladuseladim") erscheint in rhythmisch starker Abwandlung. Doch illustrierend gerät das Ende der

1. Strophe, wo der Sopran den Schlusston eine Oktave höher intoniert, um hierdurch die Baumposition des Kuckucks musikalisch vor Augen zu stellen und schließlich (wie im Flug) Dreiklangstöne in welligen Mordent-Figuren abzuschreiten. Nach verschiedenen Imitationen und Modulationen kommt das Geschehen auf einem beeindruckenden dominantischen Mixturklang mit größter aufwärtiger Strahlkraft zum Stehen. Was sich nun atmosphärisch ereignet, bietet den Hintergrund für die Präsentation der 2. Strophe: Der Schlusston der Melodie (g'') wird im Sopran gehalten, hinzu treten im Alt gleichmäßige Kuckuck-Rufe. Die nun in der „Jäger-Tonart" Es-Dur stehende Strophe wird zunächst im Bass, dann im Alt präsentiert, während sich die Männerstimmen nachfolgend im volltönenden, akkordisch massiven „Trara" ergehen, was schließlich auf den ganzen Chor übergeht. Nach diesem „jägersmännischen" Gepränge erfolgt durch einen tonartfremden Ton mit anschließender Generalpause ein plötzlicher Einschnitt. Schüchtern wird die Textpassage „er schoss den armen Kuckuck" zunächst vom Sopran in freier Melodik allein intoniert, durch das dissonante Hinzutreten des Tenors in der nichts Gutes verheißenden Klanglichkeit verstärkt. Schließlich erfolgt der Beginn der angedeuteten Strophe in inhaltlich sinnvoller Vermollung. Das Schlusswort „tot" wird nun extrahiert, zunächst erneut als tonartenfremder Einzelton im Sopran, dann gefolgt von massiven halbverminderten Akkordeinwürfen. Diese Entwicklung wird beschlossen durch die betrübliche atmosphärische Präsentation des genannten Kunstwortes, die klanglich beeindruckend wirkt. Darauf wird das Lied wie im Satz des Beginns energisch wiederholt. Schließlich folgt noch eine „Coda", bei der das Kuckuck-Motiv durch den ganzen Chor hindurch aufwärts geführt wird, bis es im Sopran übrigbleibt – und vom akkordisch energischen „wieder da" lautstark und weitgestreckt beschlossen wird.

FHWV 170: Konzert-Suite

Dieses Werk für großes Orchester entstand bereits 1941 und weist den damals 24-Jährigen als stilistisch sicheren Komponisten aus, der neben berührenden melodischen Einfällen und reizvollen harmonischen Wendungen auch ein großes Instrumentationsgeschick an den Tag legt.

Die Bezeichnung „Suite" ist kein Hinweis darauf, diese barocke Gattung aktualisierend nachgebildet zu haben. Dennoch wurden an mehreren Stellen alte musikalische Formen einbezogen, so zumindest andeutungsweise der Kanon, daneben das Fugato und die Sarabande. Die individuelle Beschaffenheit jedes Satzes mit einem schon damals erkennbaren Hang zu dramaturgischer Zielgerichtetheit nimmt jeweils für sich ein. Herzog bewegt sich in seiner Suite tonal weitgehend im spätromantischen Gewand, das nur gelegentlich mit dissonanten Ausbrüchen oder turbulenten modulatorischen Entwicklungen bereichert wird.

Im ersten Satz liegt ein langsamer, quasi fugierter Aufbau vor, in dem immer stärkere klangliche Bereicherung und Verdichtung des Stimmengewoges erkennbar wird. Dagegen ist der zweite Satz quirlig und rhythmisch akzentuiert angelegt, mit einem ständig ergänzenden, stimmenübergreifenden Motivspiel. Die gesamte Faktur ist dialogisierend, und dies in differenzierter Instrumentation. Darauf folgt ein Satz, der rhythmisch durch den stets vernehmbaren Sarabandenbezug charakterisiert ist. Prägend ist auch eine bezaubernde Oboenmelodie, welche in reizvollen Parallelklängen durch übrige Orchesterinstrumente harmonisiert wird. Es entwickelt sich schließlich ein klanglich schöner, transparent gestalteter Satz von weitgehender innerer Ruhe. Keck, scherzhaft und schwungvoll, im Sinne eines Scherzos, kommt der 4. Satz daher. Er ist vor allem durch die Rhythmik mit ständigen gegenseitigen Ergänzungen innerhalb des Orchesters bestimmt, im weiteren Verlauf allerdings auch durch unerwartete modulatorische Vorgänge, die in reizvoll abgründige Tonarten entführen. Die Suite schließt mit einem ebenfalls schwungvollen, nun eher prächtig zu nennenden Satz, der sich allerdings allmählich – erneut über ein Fugato, wie zu Beginn der Suite – aufbaut. Reizvolle Klangschichten und mit der Zeit verdichtetes Stimmengewoge sind die Faktoren, um das Werk zu einem machtvollen, positiven Abschluss zu führen.

FHWV 173: Sonntags im Zoo (Rondo zoologico)

Entstanden war dieses Instrumentalstück, das Herzog im Nachhinein *Rondo zoologico* nannte, in den frühen 1960er Jahren, eine genauere Datierung ist nicht möglich. Für wen es geschrieben wurde, geht aus dem Untertitel mit einem für Herzog typischen humoristischen Einschlag hervor: „notgedrungen für Schulorchester komponiert". Worauf Herzog mit dieser Formulierung anspielte, ist nicht zu sagen – vielleicht auf die kreativen Fesseln, die er sich aus Rücksicht vor dem von ihm geleiteten Schulorchester des Felix-Klein-Gymnasiums anlegen musste. Entstanden war schließlich ein schülergerechtes Werk, eine ideale schulmusikalische Komposition, da sie einige Herausforderungen bereithält und zugleich durch die plastische Situationsschilderung ohne jede Betulichkeit, gewürzt mit einer Prise Humor, für sich einnimmt.

Spieltechnisch, rhythmisch und intonatorisch ist die Komposition nicht leicht zu bewältigen. Gleichzeitig weist sie moderne, dissonanzengesättigte Züge auf. Die fünf musikalischen Bilder werden – ähnlich wie in Modest Mussorgskys *Bilder einer Ausstellung* – durch abgewandelte barockinspirierte Promenaden ergänzt, wobei die Anfangs- und Schlusspromenade weitgehend identisch sind. Es entsteht somit eine variierte Rondoform, die auch den Alternativtitel des Werkes erklärt.

Die Plastizität der musikalischen Schilderungen nimmt unmittelbar für sich ein. Weit entfernte Trompetentöne, Streichertremoli, Pausen und unvermutete dynamische Entwicklungen stellen die *Raubtiere* vor. In der *Volière* herrscht turbulentes, durchaus nicht nur friedliches Treiben: Die Unruhe wird durch die raschen Kontrabass-Pizzikati am Beginn ausgedrückt, woran sich ein kurzatmiger Dialog eines vogelimitierenden Terzmotivs zwischen Flöte und Trompete anschließt, das auf die Streicher übergeht. In der Folge ist sogar mit dynamischen Mitteln, Akzenten und Clusterbildungen leichte Dramatik spürbar. Durch die ständigen Wechsel zwischen akzentuierenden Bläser- und repetierenden Streicher-Akkorden ist die Nähe zu Igor Strawinsky unüberhörbar. Die *Schlangenbeschwörung* beginnt in freitonal-impressionistischer, geheimnisvoller Klanglichkeit. Behäbige, bedächtig wirkende, auf- und absteigende Bassfiguren sowie eine orientalisch inspirierte kreisende Flötenmelodie symbolisieren gleichermaßen die Schlange. Die schreitende *Elefantenparade* mit dominierenden Bläsern und Pauken wird musikalisch als rhythmisch regelmäßig anmutender punktierter Zug erlebbar, der aber ständig tonal, instrumental und rhythmisch „aus dem Tritt" kommt. Das *Affentheater* schließlich macht das quirlige tierische Treiben in ständiger rhythmischer Verkürzung, weit ausgreifenden auf- und abschreitenden Linien und harmonisch dissonanten Konflikten bei häufigen dynamischen Wechseln deutlich.

FHWV 185: Sonate für Violine (Flöte) und Klavier a-Moll

Diese Sonate ist ein Frühwerk Herzogs, entstanden 1944. Wann sie erstmals erklang, kann nicht gesagt werden – und auch nicht, in welcher Besetzung dies geschah. War sie ursprünglich für Violine und Klavier konzipiert, versah der Komponist das Autograph nachträglich mit dem Hinweis, dass sie auch mit einer Flöte als Melodieinstrument ausgeführt werden kann. Ihre drei Sätze enthalten neben vielem Vertrauten auch einige überraschende Momente. Dies betrifft den dramaturgischen Ablauf der Sätze sowie eine häufig zu vernehmende harmonische Wendigkeit in Form ständiger modulatorischer Vorgänge.

Der Schwung des ersten Satzes wird bereits im anhebenden tänzerisch energischen Thema spürbar, das durch Tonwiederholungen, variable Rhythmik und klaren Phrasenbau geprägt ist. Im zweiten Thema findet sich ein charakteristisches absteigendes Terzmotiv, das mehrfach sequenziert wird. Statt einer ausführlichen Durchführung enthält der Satz freie motivische Verarbeitung, die auf ein unerwartetes, rezitativähnliches Solo des Melodieinstruments zusteuert, anschließend aber den tänzerischen Anfangsimpuls wieder aufnimmt.

Im dreiteilig angelegten zweiten Satz nimmt die verträumte, lyrische Kantilene im Melodieinstrument für sich ein, unterlegt von aparten, harmonisch unfunktionalen Klavier-Akkordfolgen. Stellenweise ergeben sich reizvolle imitatorische Andeutungen zwischen beiden Instrumenten. Kaum zu vermuten ist, wie sich die sehr zurückhaltende Anfangsstimmung im Mittelteil dramatisch steigert.

Der Schlusssatz der Sonate hat wiederum einen äußerst schwungvollen, nun spielerischen Charakter, hervorgerufen durch große Virtuosität, häufige rhythmisch-synkopische „Verschieber“ und ständige gegenseitige Motivergänzungen. Zudem mutet das Anfangsthema aufgrund seines Schwungs und der im Klavier vorhandenen Bordunquinten beinahe folkloristisch an. Auch wenn dies nicht ausdrücklich erwähnt ist, wirkt dieser Satz vordergründig wie ein Scherzo, das aber auch versonnene und aufbrausende Momente (insbesondere im unvermuteten Klaviersolo) aufweist.

Anmerkungen

1 Gespräch des Autors mit Regine Schön vom 3.2.2016.
2 Nachforschungen des Autors in Grundschule und Stadtarchiv Elsterberg brachten keine Erkenntnisse.
3 Franz Herzog, *Die Weissagung*, FHWV 1,2; *Weissagung*, FHWV 121.
4 Nachforschungen des Autors brachten keine Erkenntnisse.
5 Gespräch des Autors mit Regine Schön vom 3.2.2016.
6 Gespräch des Autors mit Regine Schön vom 3.2.2016.
7 Aufführung in der Kreuzkirche Dresden, 2.12.1928 (Archiv der Kreuzschule und des Kreuzchores Dresden (KA)).
8 Aufführung am 7.12.1929 (KA).
9 Werner Starke, *Der Wechsel im Kreuzkantorat 1930*, in: Erna Hedwig Hofmann/Ingo Zimmermann (Hrsg.), *Begegnungen mit Rudolf Mauersberger. Lebensweg und Lebensleistung eines Dresdner Kreuzkantors*, 6. Auflage, Berlin 1977, S. 41.
10 Beate Richter, *Schule im Nationalsozialismus – dargestellt am Beispiel der Kreuzschule und des Kreuzchores zu Dresden*, Magisterarbeit, Technische Universität Dresden 2000, S. 187, zit. n. Matthias Herrmann, *Die Kreuzkantorate 1828–1971 von Otto bis Mauersberger*, in: Dieter Härtwig/Matthias Herrmann (Hrsg.), *Der Dresdner Kreuzchor. Geschichte und Gegenwart. Wirkungsstätten und Schule*, Leipzig 2006, S. 132.
11 Gespräch des Autors mit Regine Schön vom 3.2.2016.
12 Zeugnis von Rudolf Mauersberger über Franz Herzog vom 20.3.1955, Nachlass Franz Herzog (NFH).
13 Ebd.
14 Bescheinigung Franz Herzog, Reifeprüfung für Chormeister, Konservatorium Dresden, 21.1.1939 (NFH).
15 Bruno Hinze-Reinhold, *Lebenserinnerungen*, herausgegeben von Michael Berg (Edition Musik und Wort der Hochschule für Musik Franz Liszt Weimar 1), S. 166, zit. n. Wolfram Huschke, *Zukunft Musik. Eine Geschichte der Hochschule für Musik Franz Liszt in Weimar*, Köln 2006, S. 322.
16 Franz Herzog, Künstlerische Reifeprüfung, Konservatorium Dresden, 16.9.1940, S. 1 (NFH).
17 Gespräch des Autors mit Regine Schön vom 3.2.2016.
18 Franz Herzog, Lebenslauf und Werkaufstellung, undatiertes Typoskript [nach 1976], S. 1 (NFH).
19 Gespräch des Autors mit Gert Daake vom 7.6.2016.
20 Gespräch des Autors mit Regine Schön vom 3.2.2016.
21 Franz Herzog, Zeugnis über eine Sonderprüfung für Musiklehrer an Höheren Schulen, Pädagogisches Prüfungsamt des Landes Niedersachsen, 9.3.1951 (NFH).
22 Städtischer Chor Peine, Homepage: Chronik (http://staedtischer-chor-peine.de/chronik.htm; Internetabruf vom 6.2.2017; Gespräch des Autors mit Regine Schön vom 6.2.2017.
23 Gespräch des Autors mit Regine Schön vom 3.2.2016.
24 Brief des NWDR, Funkhaus Hamburg, Musikabteilung, an Franz Herzog vom 25.2.1952 (NFH).
25 Brief von Wolfgang Marschner an Franz Herzog vom 2.7.1951 (NFH).
26 Briefe von Oberstudienrat Dr. Albers an Franz Herzog vom 18.2., 24.2., 3.3. und 25.3.1953 (NFH).
27 Felix-Klein-Gymnasium Göttingen, Jahresbericht 1954/55, S. 8 (NFH).
28 Brief der Pädagogischen Hochschule Göttingen an Franz Herzog vom 23.5.1956 (NFH).
29 Brief von Lothar Hartmann (SWF) an Franz Herzog vom 28.3.1957 (NFH).
30 Ludwig Finscher, *Palmström musiziert. Eine Morgenstern-Kantate*, Göttinger Presse, 1.3.1957.
31 Brief von Leo Petri an Franz Herzog vom 3.10.1957 (NFH).
32 Brief von Leo Petri an Franz Herzog vom 12.6.1958 (NFH).
33 Ebd.

34 Nachforschungen des Autors im Nachlass Franz Herzogs sowie im Archiv des Verlags Schott, Mainz führten zum negativen Ergebnis.

35 Franz Herzog, *Musik zu Christian Morgensterns Palmström, Suite für Chor, Klavier, Gitarre, Schlagbass*, Verlag Gustav Bosse, Regensburg 1960.

36 Vgl. Franz Herzog, *Der Schüler grüßt seinen Lehrer*, in: Hofmann/Zimmermann, *Begegnungen*, S. 76 – entgegen dem Programm zur Uraufführung am 24.5.1959, das Mauersberger als Dirigenten ausweist (KA).

37 Rudolf Mauersberger, Typoskript, 10.11.1961, zit. n. Rudolf Mauersberger, *Aus der Werkstatt eines Kreuzkantors. Briefe, Texte, Reden*, herausgegeben von Matthias Herrmann, Marburg 2014 (Schriften des Dresdner Kreuzchores 1), S. 263 f.

38 Ebd., S. 264.

39 Gespräch des Autors mit Regine Schön vom 3.2.2016.

40 Mauersberger, Typoskript 10.11.1961, S. 264.

41 M. W., *Ein verheißungsvoller Anfang. Erstes Konzert des neugegründeten „Göttinger Knabenchors"*, Göttinger Tageblatt [Datum unbekannt] (NFH).

42 Zit. n. Gisela Krahmer/Herbert Schur (Hrsg.), *Franz Herzog und der Göttinger Knabenchor 1960–1980*, Göttingen 1990, S. 7 f.

43 M. W., *Ein verheißungsvoller Anfang.*

44 M. W., *Weihnachtsmusik. Buntes Programm der Abendveranstaltung in der Albani-Kirche*, Göttinger Tageblatt, 12.1962 [Datum unbekannt] (NFH).

45 Anke Riedel-Martiny, *Ein Konzert, das Mut bewies. Der Göttinger Knabenchor hob ein Werk von Franz Herzog aus der Taufe*, Göttinger Tageblatt, 11.1963 [Datum unbekannt] (NFH).

46 Riedel-Martiny, *Ein Konzert, das Mut bewies.*

47 Die Interpretation ist durch den privaten Probenmitschnitt am 3.10.1964 in St. Jacobi zu Göttingen dokumentiert (NFH).

48 Franz Herzog, *Der Göttinger Knabenchor*, in: Felix-Klein-Gymnasium Göttingen (Hrsg.), *75 Jahre Felix-Klein-Gymnasium*, Programm, Göttingen 1965, S. 11.

49 Gespräche des Autors mit den ehemaligen Göttinger Knabenchoristen Gert Daake, Dietmar Kayser, Gerd Neumann, Gerhard Nolte, Herbert Schur und Jörg Vorpahl, Februar bis Juli 2016. Übereinstimmend sind allen die Aufführungen des Mozart-*Requiems* unter Herzogs Leitung aufgrund der emotionalen Expressivität unvergessen.

50 Susanne Brock, *Die Bremer Stadtmusikanten. Uraufführung der Märchenoper in der Weender Festhalle*, Göttinger Tageblatt, 12.1968 [Datum unbekannt] (NFH).

51 Gespräch des Autors mit Gert Daake vom 7.6.2016.

52 Brief von Hans-Eberhard Pries (NDR) an Franz Herzog vom 16.1.1970 (NFH).

53 Gespräch des Autors mit Gert Daake vom 7.6.2016.

54 Brief von Franz Herzog an Hans-Eberhard Pries (NDR) vom 3.2.1970 sowie an Radio Bremen vom 9.2.1970 (NFH).

55 Brief von Dietrich Schwarzkopf (NDR) an Franz Herzog vom 16.2.1970 (NFH); der Anfrage Herzogs bei Radio Bremen folgte keine Antwort.

56 Brief von Franz Herzog an Heinz Reinholz (NDR) vom 1.3.1970 (NFH).

57 Vermutlich der 1960 gegründete Knabenchor des Norddeutschen Rundfunks. 1967 wurde die institutionelle Verbindung zum NDR aufgelöst, womit sich das Ensemble seitdem Hamburger Knabenchor St. Nikolai nennt.

58 Brief von Franz Reinholz (NDR) an Franz Herzog vom 17.3.1970 (NFH).

59 Brief von Franz Herzog an Franz Reinholz (NDR) vom 6.4.1970 (NFH).

60 Brief von Franz Herzog an Heinz Müller vom 4.1.1970 (NFH).

61 Brief von Hans Thamm an Franz Herzog vom 18.8.1977 (NFH).

62 Interview mit Franz Herzog, Göttinger Tageblatt, 29.5.1980.

63 *„Ich glaube, es ist notwendig, daß da ein neuer Keil reingetrieben wird". Abschied nach 20 Jahren – Das Händel-Fest 1980 soll ein Übergangsjahr werden*, Interview mit Günther Weißenborn, Göttinger Tageblatt, 14.6.1979.

64 Ebd.

65 Ebd.

66 Interview mit Franz Herzog, Göttinger Tageblatt, 29.5.1980; Brief von Arwed Henking an Franz Herzog vom 31.5.1980 (NFH).

67 Förderverein für den Göttinger Knabenchor, Stellenausschreibung, undatiert [1980] (NFH).

68 Ebd.

69 Gespräch des Autors mit Rüdiger Greinert vom 1.2.2017.

70 Brief von Werner Schniepper an Franz Herzog vom 18.9.1980 (NFH).

71 Gespräch des Autors mit Herbert Schur vom 14.4.2016.

72 Brief von Herbert Kunath an Franz Herzog vom 12.3.1984.

73 NDR-Rundfunkproduktionen mit dem Städtischen Chor Peine, Leitung: Franz Herzog (Hugo Distler, *Es geht ein dunkle Wolk herein*, Johannes Drießler: *O Musica*, Franz Herzog: *Gesegn dich Laub* (FHWV 138), *Klage und Trost* (FHWV 142), um 1951.

74 Gespräch des Autors mit Regine Schön vom 3.2.2016.

75 Konzertmitschnitt des Männerchors „Cäcilia" unter Leitung Herzogs, vor 1962 (Herzog, Nachtgruß, FHWV 86,1).

76 Gespräch des Autors mit Gerhard Nolte vom 8.7.2016.

77 Ebd.

78 Gespräch des Autors mit Gerd Neumann vom 14.4.2016.

79 Gespräch des Autors mit Gerhard Nolte vom 8.7.2016.

80 Gespräch des Autors mit Gerd Neumann vom 14.4.2016.

81 Gespräch des Autors mit Regine Schön vom 3.2.2016.

82 Gespräch des Autors mit Dietrich Zeidler vom 18.3.2016.

83 Gespräch des Autors mit Jörg Vorpahl vom 14.3.2016.

84 Gespräch des Autors mit Dietmar Kayser vom 4.3.2016.

85 Ebd.

86 Gespräch des Autors mit Falk Zimmer vom 2.2.2016.

87 Brief von Rudolf Mauersberger an Franz Herzog vom 18.1.1967, zit. n. Mauersberger, *Aus der Werkstatt*, S. 265.

88 Gespräch des Autors mit Herbert Schur vom 15.9.2016.

89 Gespräch des Autors mit Gerd Daake vom 7.6.2016.

90 Gespräch des Autors mit Jörg Vorpahl vom 14.3.2016.

91 Gespräch des Autors mit Gerd Neumann vom 14.4.2016.

92 Gespräch des Autors mit Falk Zimmer vom 2.2.2016.

93 Probenmitschnitt vom 20.11.1974.

94 Gespräch des Autors mit Gerd Neumann vom 14.4.2016.

95 Gespräch des Autors mit Falk Zimmer vom 2.2.2016.

96 Die Produktionsaufnahme des Stückes ist erhalten. Sie wurde aber auf der entsprechenden Schallplatte „Geistliche und weltliche Chormusik" letztlich nicht veröffentlicht.

97 Gespräch des Autors mit Regine Schön vom 21.3.2017.

98 Herzog, *Der Schüler*, S. 73.

99 Zit. n. Herzog, *Der Schüler*, S. 74.

100 Gertrud Runge, *Der verulkte Händel. „Buffo-Operatorium" von Franz Herzog als Anhang zum Göttinger Händelfest*, Göttinger Tageblatt, 8.7.1971.

101 Bernd Müllmann, *Händel, Heintje und die Historie. Franz Herzogs Buffo-Operatorium zum Abschluß des Göttinger Händel-Festes 1971*, [Zeitung unbekannt], 8.7.1971 (NFH).

102 Hans Böhm, *Neue Kirchenmusik beim Kreuzchor*, Die Union, Dresden, 14.6.1959.

103 Gottfried Schmiedel, *Kirchenmusik auf neuen Wegen*, Sächsisches Tageblatt, Dresden, 5.6.1959.

104 Ludwig Finscher, *Ein Göttinger Komponist. Nachträgliche Bemerkungen zur Uraufführung einer Messe Franz Herzogs*, Göttinger Tageblatt, 21.7.1959.

105 Brief von Franz Herzog an Rudolf Mauersberger vom 25.1.1966 (KA).

106 Franz Herzog, *Händel-Historical. Buffo-Operatorium von Franz Herzog*, in: Walter Meyerhoff (Hrsg.), *Göttinger Händel-Fest 1971*, Programm, Göttingen 1971, S. 67 f.

107 Brief von Franz Herzog an Rudolf Mauersberger vom 25.4.1960 (KA).

108 Gespräch des Autors mit Gert Daake vom 7.6.2016.

109 U. M., *Neues Leben in der Schulmusik. In der Oberschule für Jungen glückte ein Experiment*, Göttinger Tageblatt, 1.3.1957 (NFH).

110 Durch eine weitere Anspielung erhält dieses Stück sogar eine politische Dimension: Bei den Worten „Offensichtlich wächst im ganzen Land menschliche Gesittung und Verstand" wird – zwölf Jahre nach Ende des Nationalsozialismus – ironisch auf den von Adolf Hitler geschätzten „Badenweiler Marsch" Bezug genommen.

Abbildungen

1 / 2
Franz Herzog musizierend in der Dresdner Wohnung, um 1939

am donnerstag, den 13. märz 58, 20 uhr, wiederholen
in der aula des
felix-klein-gymnasiums
der chor
falk zimmer, helmut rümenap (klavier)
günter stachowsky (bass), hans-jürgen
ulrich (guitarre)
und hans-peter engel (sprecher).
MUSIK ZU
CHRISTIAN MORGENSTERNS PALMSTRÖM
von franz herzog
ausserdem wird ein polizeipferd vorgeführt
unkostenbeitrag -,50 dm

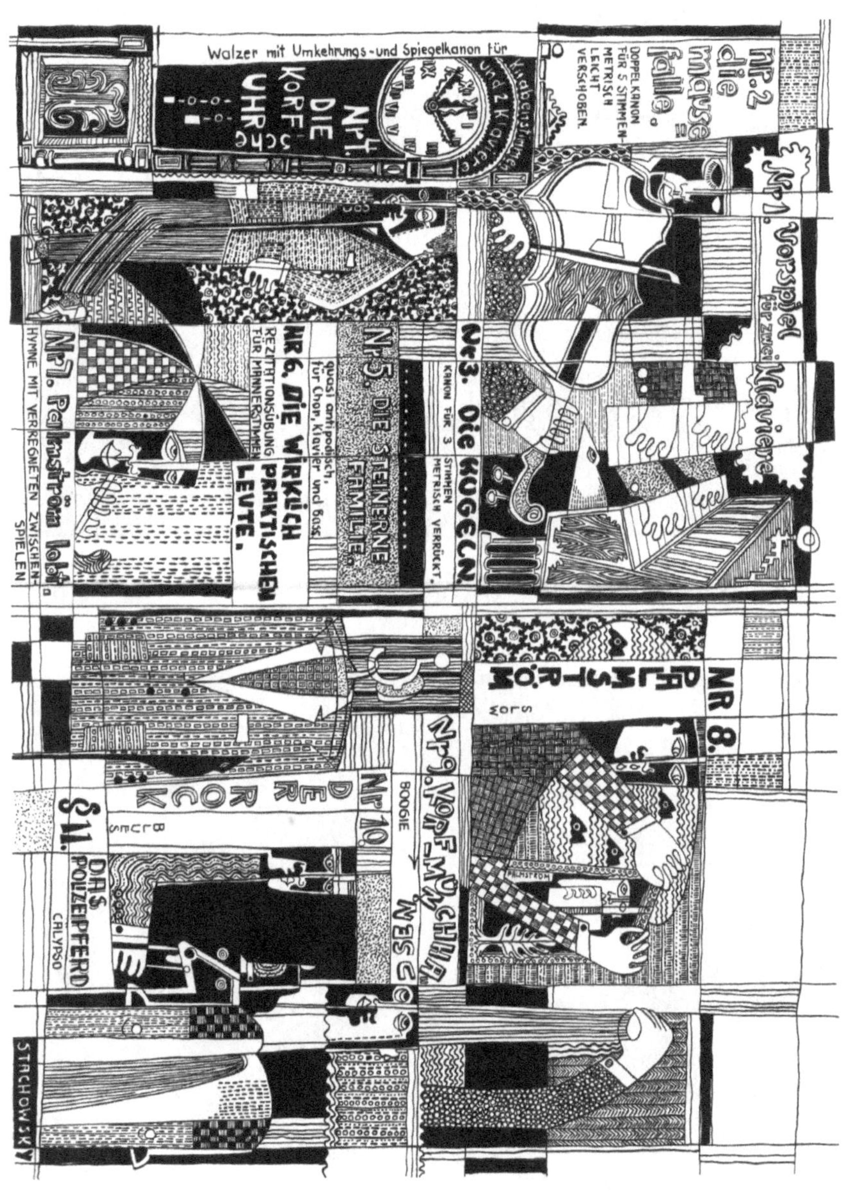

3 / 4
Programmblatt zur Aufführung der *Musik nach Christian Morgensterns Palmström* von Franz Herzog, März 1958 (Entwurf: Günter Stachowsky)

5
Der Schulchor des Felix-Klein-Gymnasiums Göttingen, Schulaula, 1958

6
Franz Herzog mit der Göttinger Chorgemeinschaft und dem Göttinger Symphonie-Orchester, Aula des Felix-Klein-Gymnasiums, 1958

7
Der Göttinger Knabenchor und Franz Herzog während der Aufnahme der *Missa brevis* von Benjamin Britten im Großen Sendesaal des Hessischen Rundfunks Frankfurt (Main), an der Orgel Werner Jahr (6. Oktober 1964)

8
Franz Herzog am Klavier und die Vorklasse des Göttinger Knabenchores, um 1965

9
Während einer Chorprobe

10
Während einer Probe in der Aula des Felix-Klein-Gymnasiums Göttingen, vor der Bühne Franz Herzog und Gisela Krahmer (mittig von hinten), 1968

11 (S. 97)–13
Impressionen während der Fernsehaufnahmen in St. Jacobi zu Einbeck, November 1969

14 / 15
Probe und Aufführung der *Bremer Stadtmusikanten* in der Weender Festhalle, Dezember 1968

16 / 17
Plakat und turbulente Aufführung des *Händel-Historicals* in Göttingens Stadthalle, Juli 1971

18 / 19
Franz Herzog dirigierend (St. Albani, Göttingen, 26.8.1976)

20
Franz Herzog bei einem Spieleabend, Schloss Nehmten, 1967

21
Ausschnitt aus der Rilke-Motette *Wir bauen ann dir mit zitternden Händen,* Autograph

22
Ausschnitt aus der *Messe für Knabenstimmen, zwei Trompeten, Altposaune und Kontrabass,* autographe Reinschrift

23
Skizzen zur *Weihnachtsmusik des Göttinger Knabenchores,* Autograph

24
Konzertante Musik für Blechbläser, erste autographe Partiturseite

25
Bagatelle Nr. 1, Anfang des Autographs

26

Crucifixus. Et resurrexit. Dona nobis pacem, autographe Schlussseite

27
Franz Herzog, Portraitfoto und Unterschrift

Franz-Herzog-Werkverzeichnis (FHWV)
zusammengestellt von Vitus Froesch

Allgemeines

Das Werkverzeichnis folgt einer besetzungsorientierten, systematischen Gliederung. So werden Vokal- und Instrumentalwerke aufgeteilt und wiederum in Untergruppen von der größeren zur kleineren Besetzung hin sortiert. Weiterhin werden die Vokalwerke in Kompositionen geistlicher und weltlicher Bestimmung sowie Bearbeitungen untergliedert.

Falls für eine gesamte Werkgruppe die chronologische Abfolge ermittelt werden konnte, wurde diese beibehalten. Meist ist die Entstehungszeit allerdings nicht eindeutig feststellbar, sodass innerhalb der Gruppen die Titel alphabetisch geordnet sind.

Werkerfassung

Jedes Werk wird mit folgenden Angaben vorgestellt:

1. Werknummer, ggf. mit Exponent
2. Werktitel (ggf. Fassung)
3. Textanfang
4. ggf. Gattung, Besetzung
5. Textnachweis
6. Entstehungszeit
7. Uraufführung bzw. erster Aufführungsnachweis (Ort, Datum (Interpreten))
8. ggf. Aufteilung in einzelne Teile oder Sätze
9. Quellen
10. Notenausgaben

Erläuterungen zu den Angaben

1. Jeder Komposition ist eine FHWV-Nummer zugeteilt. Diese enthält ggf. Hinweise zur Überlieferung bzw. Werkbeziehung. Bei einer Einklammerung der Ziffer ist das Werk verschollen. Ein rechts neben der Ziffer stehender Exponent weist auf die identische oder stark angelehnte Verwendung bei entsprechender FHWV-Nummer hin.

2. Der Werktitel ist aus den vorhandenen Quellen übernommen. Sofern der Titel dem Textanfang entspricht, wird dies durch Anführungszeichen kenntlich gemacht. Falls kein Werktitel überliefert ist, wurde dieser nachträglich vergeben und in eckige Klammern gesetzt. Sofern mehrere Fassungen vorliegen, sind sie hinter dem Werktitel vermerkt.

3. Sofern Werktitel und Textanfang nicht identisch sind, wird letzterer zusätzlich angegeben.

5. Häufig hat Franz Herzog auf die Autoren der verwendeten Texte bzw. deren Quelle verwiesen. Gelegentlich mussten die entsprechenden Angaben nachträglich ermittelt werden. Sofern die Zuordnungen eindeutig gemacht werden konnten, sind sie vermerkt.

6. Die Entstehungszeit ist nur selten ausdrücklich in den Quellen angegeben und entspricht daher meist einer nachträglichen etwaigen Eingrenzung. Diese ergibt sich wiederum häufig aus den Aufführungsnachweisen.

9. Soweit nicht anders angegeben, sind die Quellen Teil des in Göttingen befindlichen Nachlasses von Franz Herzog. Die entsprechenden Bände und Mappen wurden bis 1995 von Helma Götz mit Signaturen versehen, die je aus einer römischen und arabischen Ziffer, stellenweise mit der Angabe von Teilbänden, bestehen. Diese werden hinter der Quelle vermerkt. Auf die Art der schriftlichen Überlieferung wird nur im Falle eines Autographs und Privatdrucks hingewiesen.
Weitere Aufbewahrungsorte der Quellen sind die Notenbibliotheken des Dresdner Kreuzchores (DK) und des Göttinger Knabenchores (GK).

10. Notenausgaben eines Werkes (bzw. Teilen daraus) sind mit den entspre chenden bibliographischen Angaben vermerkt.

Abkürzungen

DK Notenbibliothek des Dresdner Kreuzchores
gem. gemischt(er)
Götz Helma Götz, Werkverzeichnis Franz Herzog, Typoskript, 1995
GK Notenbibliothek des Göttinger Knabenchores
st. stimmig

Die Aufteilung der Kompositionen innerhalb des Werkverzeichnisses

A. Vokalwerke
1. Geistlich
a) Größere geistliche Werke

1 **Weihnachtsmusik des Göttinger Knabenchores**
für gem. Chor und Instrumente
ursprünglicher Titel: Christvesper
Entstehung: 1951–1977

1. „Alsdann werden sie sehen des Menschen Sohn"
2. Die Weissagung
„Das Volk, das im Finstern wandelt"
3. „Machet die Tore weit" (Andreas Hammerschmidt)
4. „Macht hoch die Tür"
5. „Es flog ein Täublein weiße" (Carl Hirsch)
6. „Maria durch ein Dornwald ging" (Heinrich Kaminski)
6a. „Maria durch ein Dornwald ging" (Franz Herzog)
7. „Nun sei willkommen, Herre Christ" (Bearbeitung nach einem Satz von Carl Hirsch)
8. Chorrezitativ 1 (Lesung, Lukas 2, 1–7)
„Es begab sich aber zu der Zeit"
9. „Joseph, lieber Joseph mein" (Satz: Rudolf Mauersberger)
9a. „Joseph, lieber Joseph mein" (Satz: Franz Herzog)
10. Chorrezitativ 2 (Lesung, Lukas 2,8–12)
„Und es waren Hirten in der selbigen Gegend"
11. „Vom Himmel hoch, da komm ich her"
12. „Freu dich, Erd und Sternenzelt" (Karl Riedel)
13. „Als ich bei meinen Schafen wacht"
14. Chorrezitativ 3 (Lesung, Lukas 2,13–14)
„Und alsbald war da bei dem Engel"
15. „Jauchzet, ihr Himmel" (Rudolf Mauersberger)
16. Pastorale
17. „Vom Himmel hoch, ihr Englein kommt" (Carl Hirsch)
18. Chorrezitativ 4 (Lesung, Lukas 2,15–16)
„Und da die Engel von ihnen gen Himmel fuhren"
19. „Kommet, ihr Hirten"
20. „Psallite unigenito"
21. „Schlaf wohl, du Himmelsknabe du" (Carl Hirsch)
22. „O Jesulein zart" (J. S. Bach, Chorsatz: Robert Fuchs)
23. „Ich steh an deiner Krippen hier"

24. Chorrezitativ 5 (Lesung, Lukas 2,17–20)
„Da sie es aber gesehen hatten“
25. „In dulci jubilo“
26. „O du fröhliche“

Quellen:
- Partitur (VI.19)

2a **Missa in honorem Sanctae Caeciliae**, op. 37
für Männerchor a cappella
Text: liturgisch
Entstehung: 1956

1. Kyrie
2. Gloria
3. Credo
4. Sanctus
5. Benedictus
6. Agnus Dei

Quellen:
- Partitur (Autograph) (V.4)
-Privatdruck (V.4)
-Partitur (GK)

2b [202] **Missa in honorem Sanctae Caeciliae**
für Männerchor a cappella mit Orgelalternativen
Text: liturgisch
Uraufführung: Göttingen, St. Pauli, 21.11.1956 (Kath. Männerchor „Cäcilia“ Göttingen; Joachim Förster, Orgel; Leitung: Franz Herzog)

1. Kyrie (O)
2. Kyrie (M)
3. Gloria (M)
4. Gloria (O)
5. Credo (M)
6. Crucifixus (O)
7. Sanctus (M)
8. Benedictus (M)
9. Agnus Dei (M)
10. Dona nobis pacem (O)

Quellen:
- Chorpartitur (Autograph) (V.4)
- Chorpartitur (GK)
- Orgelstimme (V.5)

3 **Messe una sancta ecclesia**
für gem. Chor a cappella
Text: liturgisch
Entstehung: 1957
Uraufführung der als „Missa brevis" bezeichneten Fassung (Sätze 1, 2, 4): Dresden, Annenkirche, 3.2.1957 (Dresdner Kreuzchor; Leitung: Rudolf Mauersberger)
Vollständige Uraufführung: Dresden, Kreuzkirche, 28.9.1957 (Dresdner Kreuzchor; Leitung: Rudolf Mauersberger)

1. Kyrie
2. Gloria
3. Credo
4. Sanctus
5. Benedictus
6. Agnus Dei

Quellen:
- Partitur (Nr. 1, 2, 4: Autographe in Kopie, Nr. 3, 5, 6: Privatdruck) (V.3)

4 **Messe für Knabenstimmen, 2 Trompeten, Altposaune und Kontrabaß,** op. 40
Text: liturgisch
Entstehung: 1958
Uraufführung: Seifhennersdorf, Kreuzkirche, 24.5.1959 (Dresdner Kreuzchor; Leitung: Franz Herzog)

1. Kyrie
2. Gloria
3. Credo
4. Sanctus / Benedictus
5. Agnus Dei

Quellen:
- Partitur (V.1)
- Chorstimmen (V.2)

5 **Crucifixus. Et resurrexit. Dona nobis pacem**
für gem. Chor und Orchester
Text: liturgisch
Entstehung: 1985
Uraufführung: Göttingen, Universität, Aula, 25.5.1997 (Göttinger Knabenchor; Göttinger Sinfonieorchester; Leitung: Stefan Kaden)

1. „Crucifixus"
2. „Et resurrexit"
3. „Dona nobis pacem"

Quellen:
- Partitur (VI.23, GK)
- Particell (GK)

b) Kleinere geistliche Werke

10 **„Dennoch bleibe ich stets an dir"**
für 4–6st. gem. Chor
Text: Psalm 73, 23–26
Uraufführung: Göttingen, 24.5.1962 (Schulchor des Felix-Klein-Gymnasiums Göttingen; Leitung: Franz Herzog)
Quellen:
- Partitur (VI.9)

11 **„Der Säemann"**
für 4st. gem. Chor
Text: Matthias Claudius
Uraufführung: 30.5.1954 (Städtischer Chor Peine; Leitung: Franz Herzog)
Quellen:
- Partitur (VI.12, VI.18)

12 **„Du wirst meine Seele nicht dem Tode lassen"**
für 4st. gem. Chor
Text: Psalm 16, 10–11
Uraufführung: Göttingen, 24.5.1962 (Schulchor des Felix-Klein-Gymnasiums Göttingen; Leitung: Franz Herzog)
Quellen:
- Partitur (Autograph) (VI.9)

(13) **„Es ist ein Schnitter"**
Choralmotette für 4–6st. gem. Chor
Text: unbekannt (Überlieferung: Clemens Brentano, Des Knaben Wunderhorn)
Noten verschollen (Nachweis: Götz, S. 12)

14 **„Es woll uns Gott genädig sein"**
für 4–7st. gem. Chor
Text: Martin Luther
Quellen:
- Partitur (Autograph) (VI.2)

15 **„Freut euch, ihr Menschen alle"**, op. 42,2
Weihnachtsmotette
für 4–5st. gem. Chor
Entstehung: 1959
Erster Aufführungsnachweis: NDR, 21.11.1959 (Hannoversche Solistenvereinigung; Leitung: Wilfried Garbers)
Quellen:
- Partitur (VI.9)

16 **Kleine Passionsmotette**
„Fürwahr, er trug unsere Krankheit"
Motette für 4–6st. gem. Chor
Text: Jesaja 53, 4–5
Erster Aufführungsnachweis: Dresden, 1.3.1958 (Dresdner Kreuzchor; Leitung: Rudolf Mauersberger)
Quellen:
- Partitur (Autograph) (VI.9)

17 **„Komm, Trost der Nacht"**
für 4–5st. gem. Chor
Text: Hans Jakob Christoffel von Grimmelshausen
Quellen:
- Partitur (Autograph) (VI.9)

18 **„Lasset das Wort Christi unter euch reichlich wohnen"**
für 4–5st. gem. Chor
Text: Kolosser 3, 16
Uraufführung: Göttingen, Christuskirche, 24.5.1962 (Schulchor des Felix-Klein-Gymnasiums Göttingen; Leitung: Franz Herzog)
Quellen:
- Partitur (Autograph) (VI.9, GK, DK)

19 **„Lobe den Herrn"**
für 4st. gem. Chor
Text: Psalm 147, 1
Quellen:
- Partitur (VI.9)

20 **„Lobt Gott mit Schall"**
für 4st. gem. Chor
Text: Psalm 117
Quellen:
- Partitur (Autograph) (VI.12)

21 **„Mein Auge ist dunkel geworden vor Trauern"**, op. 42,1
für 4–6st. gem. Chor
Text: Hiob 17,11, 13–16; 18, 25–27
Entstehung: 1959
Erster Aufführungsnachweis: NDR, 19.12.1963 (Hannoversche Solistenvereinigung; Leitung: Wilfried Garbers)
Quellen:
- Partitur (VI.9, VI.10, GK)

22 **3 Motetten in rezitativischem Stil**
für 4–6st. gem. Chor
Text: Rainer Maria Rilke (Stundenbuch, Das Buch vom mönchischen Leben (Nr. 2))
Entstehung: 1951
Erster Aufführungsnachweis Nr. 2: Dresden, Kreuzkirche, 8.10.1960 (Dresdner Kreuzchor; Leitung: Rudolf Mauersberger)

1. „Alle, welche dich suchen, versuchen dich"
2. „Wir bauen an dir mit zitternden Händen"
   Herrn Professor Rudolf Mauersberger gewidmet
3. „Die Könige der Welt sind alt"

Quellen:
- Partitur (Autograph) (VI.8)
- Partitur, Nr. 2 (Autograph in Kopie) (VI.11)

23 **„O vos omnes"**
für 6st. gem. Chor
Text: Klagelieder Jeremiae 1, 12
Quellen:
- Partitur (VI.14)

24 **„O vos omnes"**
für 4–8st. gem. Chor
Text: Klagelieder Jeremiae 1, 12
Quellen:
- Partitur (Autograph in Kopie) (VI.1)
- Partitur (GK)

25 **„Pater noster"**
für 4st. Männerchor
Text: Matthäus 6, 9–13
Quellen:
- Partitur (VI.3, GK)

26 **„Recordare mei"**
für 4st. Männerchor
Text: Graduale Romanum
Quellen:
- Partitur (VI.12)

27 **Ruf und Gebet**
für 6st. gem. Chor und Orgel
Text: Matthäus 26,41; 6, 9–13
Erster Aufführungsnachweis, Gebet: Göttingen, Felix-Klein-Gymnasium, Aula, 8.7.1965; Gesamtwerk: Göttingen, Albanikirche, 16.11.1965 (Göttinger Knabenchor; Leitung: Franz Herzog)
1. Ruf
„Wachet und betet"
2. „Pater noster"
Quellen:
- Partitur (VI.14, GK)

28 **Spruchmotette zur Hochzeit von Fräulein Sybille Vierhub**
„Setze mich wie ein Siegel auf dein Herz"
für 4st. gem. Chor
Text: Hohelied Salomo 8, 6
Uraufführung: Frankfurt (Main), Markuskirche, 7.8.1965 (Göttinger Knabenchor; Leitung: Franz Herzog)
Quellen:
- Partitur (VI.14, GK)

(29) **„Und weiter wachsen Gott und die Welt"**
Text: vermutlich Hermann Claudius
Uraufführung: Dresden, Rathaus, Festsaal, 4.5.1942 (Dresdner Kreuzchor; Leitung: Rudolf Mauersberger)
Noten verschollen

30 **„Vater unser"**
für 3–7st. gem. Chor
Text: Matthäus 6, 9–13
Quellen:
- Partitur (DK)

31 **„Wachet und betet"**
für 4st. Männerchor
Text: Matthäus 26,41
Quellen:
- Partitur (Autograph) (VI.21)

2. Weltlich
a) Szenische Werke

40 **Die Bremer Stadtmusikanten**
Märchenoper für Singstimmen, Klavier und Schlagwerk.
Text: Franz Herzog, Gisela Krahmer
Uraufführung: Göttingen, Weender Festhalle, 1.12.1968 (Göttinger Knabenchor; Falk Zimmer, Klavier; Leitung: Franz Herzog)

Quellen:
- Gesamtpartitur (I.1/1, I.1/2)
- 1. Akt, Einzelnummern der 1. Fassung (I.1/3)
  (Lieder der Tiere; Couplets: Müller, Jäger, Hexe, Bäuerin; Lieder: Esel, Hund, Katze, Hahn; Quartett der Tiere)
- 3. Akt: Szene der Räuber (I.1/3)
- Lieder der Tiere (1. Fassung) (I.1/4)
  Lieder aller Tiere mit Zwischentexten
  Quartett der Tiere
  Lied des Hahnes
  Lied des Esels
  Lied des Hundes
  Lied der Katze
- Couplet: Jäger, Müller, Hexe, Bäuerin (I.1/5)
- 3. Akt, 2. Szene (Finale): Ausrufer, Chor der Bremer Bürger (I.1/6)

41 Händel-Historical

Buffo-Operatorium für Solisten, Chor und Orchester
Text: Franz Herzog, Gisela Krahmer, John Gay (Beggar's Opera)
Uraufführung: Göttingen, 6.7.1971 (Solisten, Göttinger Knabenchor, Rundfunkorchester Hannover, Leitung: Franz Herzog)
Quellen:
- 1. Szene, Partitur (I.2/1)
- 1. Szene, Kopien (Fragmente) (I.2/5)
- 2. Szene, Orgel-/Cembalopart mit Gesangsstimmen (I.2/2)
- 3. Szene, Partitur (I.2/3)
- 3. Szene, Pomode, Trinkbeat, Heintje-Nummer (Einzelkopien) (I.2/6)
- Szenen 1–3, Orgel-/Cembalopart mit Gesangsstimmen (I.2/5)
- 4. Szene, Partitur (I.2/4)
- 4. Szene, Allemande, Chorstimmen (I.2/7)
- Werkaufbau (I.2/6)
- Libretto (I.2/6)
- Vortrag des Musikwissenschaftlers (I.2/7)
- Manuskript, Original-Musiken (I.2/7)
- Aufführungsmaterial (GK)

b) Werke für Chor und Orchester

45 **Antigone-Musik**
für großes Orchester und Männerchor unisono
Texte: Sophokles, Antigone
Erster Aufführungsnachweis: Göttingen, Felix-Klein-Gymnasium, Aula, 21.10.1955 (Kath. Männerchor „Cäcilia" Göttingen; Göttinger Symphonie-Orchester; Leitung: Franz Herzog)

1. Vorspiel
2. Chor: „Strahl des Helios"
3. Chor: „Vieles Gewaltige lebt"
4. Chor: „O Eros"
5. Chor: „Fromm handelt"
6. Trauermarsch

Quellen:
- Partitur (Autograph) (VII.2)

c) Werke für Chor und Instrumente, ggf. mit Vokalsolist

50 **3 Chöre**
für 4st. Männerchor, Violine und Tuba
Texte: Joachim Ringelnatz

1. Sardellenbande (Dichter und erster Anhörer)
   „Sie trugen zwei Sardellen zu Grabe"
2. Liedchen
   „Die Zeit vergeht"
3. Letzter Ritt (Sentimenz)
   „Ein Mädchen ritt ihren Schimmel zum Schlachter"

Quellen:
- Partitur (Autograph) (VI.21)

51 **Deklamationen**, op. 41
für Männerchor, Klavier, Gitarre, Kontrabass
Text: Wilhelm Busch
Entstehung: 1959
Erster Aufführungsnachweis: NDR, 28.2.1959

1. Vorspruch: Moderner Poet
2. Bestimmung
3. Bedingt

4. Es sitzt ein Vogel auf dem Leim
5. Beschränkt
6. Der Begleiter

Quellen:
- Partitur (VI.21)

52 **Der Tag vertreibt die finstre Nacht**, op. 31b
Stilistische Variationen
für 3st. Männerchor, 3 Trompeten, 3 Violinen und Klavier
1. Cantus-firmus-Satz für 3 Violinen und Violoncello
2. Satz für 3st. Männerchor und 3 Trompeten
3. Fuge für 3 Violinen
4. Espressivo für Violine und Klavier
5. Konzertanter Tanz für 3 Violinen und Klavier

Quellen:
- Partitur (VI.12)

53 **Die Müllerstochter**
„Es heult der Sturm, die Nacht ist graus"
für 4st. Männerchor und Klavier
Text: Wilhelm Busch
Erster Aufführungsnachweis: Göttingen, Felix-Klein-Gymnasium, Aula, 28.2.1959
Quellen:
- Partitur (VI.3, GK)

54 **Erzählung nach einer Kurzgeschichte von Wolf Dietrich Schnurre**
für Chor und Instrumente (vermutl. Klarinette und Fagott)
1. „Der Mann hatte einen Bart"
2. „Er ging durch den sterbenden Wald"
3. „Er ergriff es mit beiden Händen"
4. „Dann sah er sie sitzen"

Quellen:
- Partitur (Autograph) (VII.3)

55 **Es wird Nacht bei Wilhelm Busch**
5 Lieder für Chor und Klavier
Text: Wilhelm Busch
Entstehung: 1967

1. Es spukt
„Abends, wenn die Heimchen singen“
2. Die Seelen
„Der Fährmann lag in seinem Schiff“
3. Die Schnecken
„Rötlich dämmert es im Westen“
4. Der Geist
„Es war ein Mägdlein, froh und keck“
5. Fuchs und Gans
„Es war die erste Maiennacht“

Quellen:
- Partitur (VII.1)

56 **Five Short Songs**
für 3–4st. Männerchor und Klavier
Text: John Gay (Beggar's Opera)
Entstehung: 1972
1. I like a ship
2. Thus when the swallow
3. Come, sweet lass
4. The turtle
5. Youth's the season

Quellen:
- Partitur (GK)

57a **Fluch des Krieges** (Fassung 1)
für Bariton, 4st. gem. Chor, Trompete, Flöte und Klavier
Text: Li-Tai-Pe/Klabund
Entstehung: 1963
Uraufführung: Göttingen, Felix-Klein-Gymnasium, Aula, 14.11.1963 (Robert Titze, Bariton; Antje Doormann, Flöte; Klaus Behrens, Trompete; F. W. Ulrichs, Violoncello; Harald Zwanziger, Klavier; Göttinger Knabenchor; Leitung: Franz Herzog)
1. Fluch des Krieges (Ch)
„Im Schnee des Tienschan“
2. Herbst und Winter (Bar)
„Das Mondkaninchen blinzelt müde“
3. Winterkrieg (Ch)
„Ich träume von dem Regenbogen“
4. „Die junge Frau steht auf dem Warteturm“ (Bar)

5. An der Grenze (Ch)
„Auf den himmlischen Bergen"
6. Schreie der Raben
„Vor der Stadt, die sommerlich im gelben Staube wirbelt"
7. Krieg in der Wüste Gobi (Ch)
„Am Himmel die Plejadentropfen"

Quellen:
- Partitur (Autograph) (IX.1)

57b **Fluch des Krieges** (Fassung 2)
für 4st. gem. Chor und Klavier
Text: Li-Tai-Pe/Klabund
Entstehung: 1964
Erster Aufführungsnachweis: NDR, 19.3.1964 (Göttinger Knabenchor; Harald Zwanziger, Klavier; Leitung: Franz Herzog)

1. Fluch des Krieges
„Im Schnee des Tienschan"
2. Winterkrieg
„Ich träume von dem Regenbogen"
3. An der Grenze
„Auf den himmlischen Bergen"
4. Krieg in der Wüste Gobi
„Am Himmel die Plejadentropfen"

Quellen:
- Partitur (Autograph) (IX.1)

57c **Fluch des Krieges** (Fassung 3)
für Bariton, 4st. gem. Chor und Klavier
Entstehung: 1980/81
Uraufführung: Göttingen, Händelfestspiele 1981 (Göttinger Knabenchor; Leitung: Torsten Derlin)

1. Fluch des Krieges (Ch)
„Im Schnee des Tienschan"
2. „Die junge Frau steht auf dem Warteturm" (Bar)
3. Krieg in der Wüste Gobi (Ch)
„Am Himmel die Plejadentropfen"
4. Vor der Stadt (Bar)

5. An der Grenze (Ch)
„Auf den himmlischen Bergen"
6. Herbst und Winter (Bar)
„Das Mondkaninchen blinzelt müde"
7. Winterkrieg (Ch)
„Ich träume von dem Regenbogen"

Quellen:
- Partitur

58 **2 Lieder**
für 4–6st. gem. Chor, Klarinette, Trompete (Posaune), Kontrabass, Gitarre, Schlagzeug und Klavier
Uraufführung: Göttingen, Felix-Klein-Gymnasium, 20.6.1962
1. Das Herz (Steven Crane)
„Ich sah in der Wüste eine nackte tierhafte Kreatur"
2. Bild aus Orleans (Ezra Pound)
„Junge Männer durchreiten die Straße"

Quellen:
- Partitur (VI.3, GK)

59 **6 Lieder**
für 4st. gem. Chor, Trompete, Flöte
Text: Li-Tai-Pe/Klabund
Erster Aufführungsnachweis (3 Chöre): 18.2.1961
1. Winterkrieg
„Ich träume von dem Regenbogen"
2. Krieg in der Wüste Gobi
„Am Himmel die Plejadentropfen"
3. Fluch des Krieges
„Im Schnee des Tienschan"
4. An der Grenze
„Auf den himmlischen Bergen"
5. Nach der Schlacht
„Ich dehne mich im edelsteinbestickten Sattel"
6. „Die junge Frau steht auf dem Warteturm"

Quellen:
- Partitur (VI.16, GK)

60 [88] **3 Lieder der Stille**

für 4–5st. gem. Chor, Flöte, Oboe, 2 Klarinetten (B), Horn und Kontrabass

1. „Nun steht der Tag im Solde“
2. Zunachten (Hermann Hesse)
   „Laufeuchte Winde schweifen“
3. Abendfeier (Heinrich Gutberlet)
   „Zur Rüste ging der laute Tag“

Quellen:
- Chorpartitur (VI.2)
- Instrumentalstimmen (IX.4)

61 **Neue Lieder für die Schule**

für 1st. Gesang und Klavier

Texte: unbekannt

1. „Adelheid" war unser stolzes Schiff
2. In dem Jet nach Teneriffa
3. Ein Kirschkern und ein Pflaumenkern
4. Wenn die Bäume schlafen gehn
5. Immer wieder, immer in die Schule gehen
6. Schleicht da einer um das Haus
7. Buh, buh, buh, ich sehe einen Totenkopf
8. Auf Beates alter Mofa
9. Tief ist der Brunnen
10. Der Dreckspatz ließ die Seinigen
11. Die Räuber Fix, Hauruck und Dufte
12. Gute Sterne soll'n dich leiten

Quellen:
- Partitur verschollen (Nachweis: Götz, S. 15)
- Gesangsstimme (GK)
- Skizzen (VI.21)

62 **Palmström-Suite**, op. 32

für gem. Chor, 2 Klaviere, Gitarre, Kontrabass

Text: Christian Morgenstern

Uraufführung: Göttingen, Felix-Klein-Gymnasium, Aula, 27.2.1957 (Göttinger Knabenchor; Instrumentalisten; Leitung: Franz Herzog)

1. Vorspiel für 2 Klaviere
2. Die Mausefalle. Doppelkanon für 5 Stimmen, metrisch leicht verschoben
„Palmström hat nicht Speck im Haus“
3. Die Kugeln. Kanon für 3 Stimmen, metrisch verrückt
„Palmström nimmt Papier aus seinem Schube“
4. Die Korf'sche Uhr. Walzer mit Umkehrungs- und Spiegelkanon für Knabenstimmen und 2 Klaviere
„Korf erfindet eine Uhr“
5. „Die steinerne Familie“. Quasi antipodisch, für Chor, Klavier und Kontrabass
6. Die wirklich praktischen Leute. Rezitationsübung für Männerchor
„Es kommen zu Palmström heute“
7. „Palmström lobt“. Hymne mit verregneten Zwischenspielen
8. „Palmström“. Slow
9. Korfs Verzauberung. Calypso
„Korf erfährt von einer fernen Base“
10. Korf – Münchhausen. Boogie
„Korf zu Taten zu befeuern“
11. „Der Rock“. Blues
12. Das Polizeipferd. Calypso
„Palmström führt ein Polizeipferd vor“

Quellen:
- Partitur, Teil I (GK)
- Gesamtwerk, Einzelstimmen (GK)

Notenausgabe:
- Franz Herzog, Musik zu Christian Morgensterns Palmström, Suite für Chor, 2 Klaviere, Guitarre, Teile I und II, Bosse Edition, Regensburg 1960

63 **3 Schnulzen**

für 4st. Männerchor, Pfeifer, Kontrabass, Klavier, Vibraphon und Cembalo

Text: unbekannt

1. Schnulze sentimentale
„Nur die Resignation“
2. Schnulze tragica
„Schön war die Zeit
3. Schnulze vitale (Boogie)

Quellen:
- Chorpartitur, Nr. 1 u. 2 (VI.4)

64 **Spruch**
„Feiger Gedanken bängliches Schwanken"
Spruch für 4–6st. gem. Chor, Trompete, Alt- und Tenorposaune
Text: Johann Wolfgang von Goethe
Quellen:
- Partitur (VI.6, GK)

d) Werke für Chor a cappella

70 **„Ach, du liebe Güte"**
für 4st. gem. Chor
Text: unbekannt
Quelle:
- Partitur (VI.21)

71 **Bestimmung**
„Göttlich ist und ewig"
für 4–8st. gem. Chor
Text: Hermann Hesse
Quellen:
- Partitur (Autograph) (VI.2)

72 **Chansons für die Hannoversche Solistenvereinigung**
für gem. Chor a cappella
Texte: unbekannt
1. „Wer den Aal beim Schwanze nimmt"
2. „Wir haben keine Zeit, auch noch zu leben"
3. „Eide, so die Liebe schwur
Quellen:
- Partitur (V.5)

73 **3 Chöre**
für 3 Männerstimmen
Texte: Wolfram Brockmeier (Einkehr und Wandlung)
Uraufführung: Rathen, Felsenbühne, 14.7.1940 (Chor des Konservatoriums Dresden; Leitung: Walther Meyer-Giesow)

1. Die Pflüger
   „Wenn kaum der Tag geboren ist"
2. Die Säer
   „Ein heilig Tagwerk hebt nun an"
3. Zuversicht
   „Die Stunden alle"

Quellen:
- Partitur (Autograph) (VI.2)

Notenausgabe:
- Nr. 2: Musikverlag Rudolf Erdmann, Bonn/Wiesbaden 1960

74 **5 Chorlieder**
für 4–7st. gem. Chor
Texte: Walter Flex
Seinem Lehrer Rudolf Mauersberger
Uraufführung: Dresden, Vereinshaus, 9.2.1937 (Dresdner Kreuzchor; Leitung: Franz Herzog)

1. Der Tag kommt
   „Im Osten über der schroffsten Wand"
2. Wohin?
   „Flog ein Vögelein über mich hin"
3. Unrast
   „Mir ist, ich habe etwas geträumt"
4. Lebensfahrt
   „Über den Mond zog ein silbernes Wölklein"
5. Orakel
   „Unter dem blühenden Lindenbaum"

Quellen:
- Partitur (Autograph) (VI.2)

75 **4 Chorsätze**
für 4st. gem. Chor
Texte: unbekannt

1. „Wir haben keinen günstigen Wind"
2. „Welt, du bist abgedroschen schon"
3. „Wie ich das jetzt so um mich seh"
4. „Für die Mode, nicht dagegen sei der Mensch"

Quellen:
- Partitur (Reinschrift) (VI.3)

76 **Das Wolkenschiff**
„Eine Linde steht vor unserm Fenster"
für 4st. Knabenchor
Text: Paul Dittrich
Entstehung: um 1948
Quellen:
- Partitur (Autograph) (VI.3)

77 **Die kleinen Lieder I**
für gem. Chor
Uraufführung: Peine, Festsäle, 15.3.1951 (Städtischer Chor Peine; Leitung: Franz Herzog)
1. „Es ist schon alles dagewesen"
2. Vom Hochwald
„Die Mittagssonne brütet ob dem Wald"
3. Vom bösen Wetter
„Die Wetter türmen sich"
4. „Wenn der Mai mich noch findet"
5. „Im Oktober"
Quellen:
- Partitur (Autograph) (IX.3)

78 [62/2] **Die Mausefalle II**
„Morgens kommt von Korf und lädt"
2st. Kanon für Knaben- und Männerstimme
Text: Christian Morgenstern
Entstehung: bis 1957
Quellen:
- Partitur (Autograph) (VI.12)

79 **Drey sorgfeltich for die Bekömmlichkeit dero Jugend, insonderheit der zihrlichen Mädgens außgewehlte Lidlein des frumben Boeten Dafnis**
für Mädchenchor a cappella
Text: Arno Holz (Dafnis Fress-, Sauf- und Venuslieder)
1. Daß es bald Oculi ist (Ode Jambica)
„Schon rasen umb die Erde"
2. Er klagt, daß der Frühling so kortz blüht (Ode Trochaika)
„Kleine Bluhmen wie aus Glaß"
3. Er spazzirt durch den Morgen (Ode Jambica)
„Gott Eol lihß sein Blahsen"
Quellen:
- Partitur (Autograph) (VI.21)

80 **Ernte**
„Ich hab den brachen Boden umgebrochen“
für 3st. gem. Chor
Text: Hans Baumann
Quellen:
- Partitur (Autograph) (VI.2)

81 **3 heitere Chorlieder**
für 4–7st. gem. Chor
Frau Studienrat Gebauer gewidmet
Text: Christian Morgenstern
Entstehung: bis 1939
Erster Aufführungsnachweis: Dresden, 21.2.1939 (Dresdner Kreuzchor; Leitung: Karl Burkhardt)
1. „Tapetenblume“
2. Der Schaukelstuhl
„Ich bin ein einsamer Schaukelstuhl“
3. Kleine Geschichte (Das Fähnlein)
„Litt einst ein Fähnlein große Not“
Quellen:
- Partitur (Autograph) (VI.2)

82 **3 heitere Chorlieder**
für 4st. gem. Chor
Text: Christian Morgenstern
Entstehung: 1950–55
1. Der Schaukelstuhl
„Ich bin ein einsamer Schaukelstuhl“
2. Das Fähnlein
„Litt einst ein Fähnlein große Not“
3. „Tapetenblume“
Quellen:
- Partitur (VI.8)
- Partitur, Nr. 1 u. 3 (VI.6, VI.7)
- Stimmen, Nr. 2 (VI.6, VI.7)

83 **„Kling auf, mein Lied"**
Text: Karl Kraenzle
für 4st. Männerchor
Als Sängerspruch für den „Senefelder Liederkranz"
Quellen:
- Stimmen (VI.1)

(84) **Leichtlebigkeit**
für Knabenchor
Text: unbekannt
Erster Aufführungsnachweis: Stockholm, 21.10.1937 (Dresdner Kreuzchor; Leitung: Rudolf Mauersberger)
Noten verschollen

85 **3 Lieder**
für 4st. gem. Chor
Texte: unbekannt
1. „Seele der Menschen"
2. „Die Ebereschen"
3. Der Meilenstein
„Im ewigen Schlafe liegt der Stein am Wege"
Quellen:
- Partitur (Autograph) (VI.2)

86 **3 Lieder**
für 4st. Männerchor
Text: Joseph von Eichendorff
1. Nachtgruß
„Weil jetzo alles stille ist"
2. „Wohl vor lauter Singen, Singen"
3. Glückwunsch
„Brech' der lust'ge Sonnenschein"
Quellen:
- Partitur (Autograph) (VI.3)
Notenausgabe:
- Nr. 1: Nagels Männerchorbuch, hrsg. v. Herbert Weitemeyer, Nagels Verlag, Kassel 1953, Bd. 3, S. 384 f.

87 **Lieder der Arbeiter, Bauern, Soldaten**
für 4st. gem. Chor
1. Marschlied
„Die müden Tage sind vorbei“ (Heinrich Lersch)
2. „Tritt heran, Arbeitsmann!“ (Heinrich Lersch)
3. [nur Schlussseite vorhanden]
4. „Pack zu!“ (Georg Zemke)
5. „Soldaten“ (Lutz Gottschalk)
Quellen:
- Partitur (Autograph) (VI.2)

88 [60] **3 Lieder der Stille**
für 4–5st. gem. Chor
Erster Aufführungsnachweis: Dresden, 17.6.1941 (Dresdner Kreuzchor; Leitung: Rudolf Mauersberger)
1. „Nun steht der Tag im Solde“
2. Zunachten (Hermann Hesse)
„Laufeuchte Winde schweifen“
3. Abendfeier (Heinrich Gutberlet)
„Zur Rüste ging der laute Tag“
Quellen:
- Partitur (VI.2)

89 **Li-Tai-Pe/Klabund, Chorliederbuch, Teil 1, Liebes- und Trinklieder**
für 4–8st. gem. Chor
Text: Li-Tai-Pe/Klabund
Entstehung: bis 1960
Erste Aufführungsnachweise (Nr. 4 u. 8): NDR, 18.6.1960 (Hannoversche Solistenvereinigung; Leitung: Wilfried Garbers)
1. Der Hummer
„Trinke dreihundert Becher guten Wein“
2. Das Lied vom Kummer
„Der Wirt hat Wein“
3. Singende Gespenster
„Herunter mit dem Jadekrug“
4. Schenke im Frühling
„Sieben Schimmel traben“
5. Auf der Wiese (2 Fassungen)
„Wir liegen im blühenden Schoße“

6. Das rote Zimmer
„Es stampft mein Pferd“
7. Die Beständigen
„Alle Wolken gingen über See“
8. „Der große Räuber“
Quellen:
- Gesamtpartitur (VI.21)
- Partitur, Nr. 8 (GK)

90 **Nachtgedanken**
„Ist dahin, dahin“
für 4st. Männerchor
Text: unbekannt
Quellen:
- Partitur (VI.1)

91 **„O verlerne die Zeit“**
für 4st. gem. Chor
Text: Hans Carossa
Uraufführung: Dresden, 18.9.1949 (Dresdner Kreuzchor; Leitung: Rudolf Mauersberger)
Quellen:
- Partitur (DK)

92 **Schenke im Frühling,**
„Sieben Schimmel traben“
für 4st. gem. Chor
Text: Li-Tai-Pe/Klabund
Entstehung: evtl. 1950–1953
Quellen:
- Partitur (VI.17, GK)

93 **Schwüle**
„Trüb verglomm der schwüle Sommertag“
für 6st. gem. Chor
Text: Conrad Ferdinand Meyer
Quellen:
- Partitur (Autograph) (VI.2)

94 **„Tapetenblume"**
für 4st. gem. Chor
Text: Christian Morgenstern
Quellen:
- Partitur (Autograph) (VI.2)

95 **5 Tierfabeln,** op. 44
für Knaben-/Mädchenchor a cappella
Text: Matthias Claudius
Uraufführung: Oktober 1960 (Mädchenchor Hannover; Leitung: Ludwig Rutt)
1. Die Henne
„Es war mal eine Henne fein"
2. Fuchs und Pferd
„Einst wurden Fuchs und Pferd"
3. Der kleine und der große Hund
„Ein kleiner Hund, der lange nichts gerochen"
4. Fuchs und Bär
„Kam einst ein Fuchs vom Dorfe"
5. Vom Brummelbär
„Vor etwa achtzig, neunzig Jahren"

Quellen:
- Partitur (VI.20)

96 **Ulkiger Bauernhof**
„Zwei Fischlein saßen im Hühnerstall"
für 4st. gem. Chor
Text: Uwe Greißer
Quellen:
- Partitur (Autograph) (VI.12)

e) Werke für Sologesang und Orchester

100 **5 Orchesterlieder**
für Bass und Orchester
Texte: Rainer Maria Rilke
Entstehung: 1949

1. Samuels Erscheinen vor Saul
   „Da schrie die Frau zu Endor auf"
2. Ölbaumgarten
   „Er ging hinauf"
3. Der letzte Graf von Brederode entzieht sich türkischer Gefangenschaft
   „Sie folgten furchtbar"
4. „Reitet der Ritter"
5. Sankt Georg
   „Und sie hatte ihn die ganze Nacht"

Quellen:
- Partitur (Autograph) (X.1, GK)
- Klavierauszug (GK)

f) Werke für Sologesang und Instrumente, ggf. Klavier

(105) **Das Karussell**
für Bass und Streichquartett
Text: Rainer Maria Rilke
Noten verschollen (Nachweis: Götz, S. 21)

106 **David singt vor Saul**
3 Gesänge für Bass und Klavier
Text: Rainer Maria Rilke
Entstehung: 1948
1. „König, hörst du"
2. „König, der du alles dieses hattest"
3. „König, birgst du dich in Finsternissen"

Quellen:
- Autograph (IX.3)

107 **Die kleinen Lieder**
für Bassbariton, Flöte, 2 Oboen, 2 Klarinetten, Fagott, Horn, Violoncello und Kontrabass
Texte: unbekannt (Nr. 1–3), Kurt Gerlach (Nr. 4 u. 5)
1. „Wenn der Mai mich noch findet"
2. Erwartet
   „Durch die eingeschlafnen Gassen"

3. Er möchte bleiben
„Im Oktoberwind"
4. Vom April
„Der Frühhahn kräht beizeiten"
5. Wandernde Musik
„Ei, so seht doch einmal an"

Quellen:
- Partitur (IX.3)
- Skizzen (IX.4)

108 **Die kleinen Lieder II**
für Bass und Klavier
Text: Kurt Gerlach, Der Jüngling
1. Das Mädchen Dorothee
„Das war das feine, so seltsam feine"
2. „Durch die eingeschlafnen Gassen"
3. In der Walpurgisnacht
„Es ist Walpurgisnacht"
4. Vom April
„Der Frühhahn kräht beizeiten"
5. Wandernde Musik
„Ei, so seht doch einmal an"

Quellen:
- Autograph in Kopie (IX.2)

109 **5 ernste Lieder**
für Singstimme und Klavier
Entstehung: 1982
1. Flüchtig (Margot Scharpenberg)
„Kind auf dem Rücken, so schlepp ich die Zeit"
2. Das Andere (Martin Kessel)
„Du gehst noch einen Schritt"
3. Späte Zeit (Peter Huckel)
„Still das Laub am Baum verklagt"
4. Der Wanderer (Werner Bergengruen)
„Der Mondennebel hebt sich weiß"
5. Die gestundete Zeit (Ingeborg Bachmann)
„Es kommen härtere Tage"

Quellen:
- Partitur (Autograph) (VIII.1)

110 **4 Gesänge für Baß und Streichquartett**
Texte: Joseph Weinheber
1. „Ich, in die Schönheit dieser Welt verliebt" (Bass, Violine 1)
2. „Mir, neben lichtern Wesen, ist verwehrt" (Bass, Violine 2)
3. „Mein grauer Scheitel macht es mir zur Pflicht" (Bass, Viola)
4. „Ich weiß zutiefst, daß alles Schicksal ist" (Bass, Violoncello)
Quellen:
- Partitur (IX.6)

111 **5 Gesänge**
für Bass und Klavier
Texte: Jan Isendahl
Entstehung: 1948
Dr. Kurt Sundermeyer gewidmet
1. „Der Tag verblüht in den Horizont"
2. „Ich möchte meine Arme schränken um deine Horizonte, Gott"
3. „Aus Klüften lachst du, Wind"
4. „Die Stuben derer, die im Sterben liegen"
5. „Wenn der Tag mit allen Dingen"
Quellen:
- Partitur (Autograph) (IX.3)

112 **5 Gesänge nach Texten von Rainer Maria Rilke**
für Bass und Klavier
Texte: Rainer Maria Rilke
Entstehung: Februar 1947
1. Herbsttag
„Herr: es ist Zeit"
2. Ernste Stunde
„Wer jetzt weint irgendwo in der Welt"
3. „Ist ein Schloß"
4. Lied vom Meer
„Uraltes Wehn vom Meer"
5. Liebeslied
„Wie soll ich meine Seele halten"
Quellen:
- Autograph in Kopie (IX.2)
- Partitur (GK)

113 **5 heitere Lieder für P. S.**
für Tenor und Klavier
Entstehung: 1982, für Peter Schreier

1. „Drei Hasen“ (Christian Morgenstern)
2. Die Schnupftabakdose (Joachim Ringelnatz)
   „Es war eine Schnupftabakdose“
3. „Ein Nagel“
4. Kleiner Hafen (Georg von der Vring)
   „Der Mond, die weiße Perle“
5. „Sie war ein Blümlein“ (Wilhelm Busch)

Quellen:
- Partitur (Autograph) (VIII.2)

114 **Konzert-Foxtrott**
„Ein kleiner Fingerzeig“
für Singstimme und Klavier
Quellen:
- Partitur (Autograph) (XI.1)

115 **Lied und Tango**
„Wenn Vico singt“
für Singstimme, Melodieinstrument und Klavier
Entstehung: 1950–56
Quellen:
- Autograph (IV.2)

(116) **3 Lieder**
für Bass- und Altsolo und 2 Gitarren
Texte: Bertolt Brecht

1. Am Grunde der Moldau
2. Ach, wie sollen wir die kleine Rose brechen
3. Ein Ruder liegt auf dem Dach

Quellen:
- Partitur, Nr. 1 (Autograph in Kopie) (IX.4)

117 **5 Lieder**
für Bass und Klavier
Text: Wolfram Brockmeier, Einkehr und Wandlung
Dr. Walter Meyer-Giesow gewidmet
Entstehung: 1939
Uraufführung: Dresden, 4.5.1942

1. Einkehr
   „Zerspringe nur, Zelle"
2. Die Flamme
   „Machtlos stehe ich in der Flamme"
3. Spätherbst
   „Die Glocke lockte mit Gebrumm"
4. Rast in Wiesen
   „Eh noch die Gräser schwankten"
5. Reiselied
   „Hell in deine graue Stunde"

Quellen:
- Autograph (IX.3)

(118) **5 Lieder**
für Alt und Klavier
Texte: Rainer Maria Rilke

1. Herbst
2. Fortschritt
3. Der Nachbar
4. [?]
5. [?]

Noten verschollen (Nachweis: Götz, S. 20)

119 **5 Lieder**, op. 18b
für Sopran und Klavier
Texte: Theodor Storm
Entstehung: 1944
Erster Aufführungsnachweis: Dresden, Oberschule Nord, 26.6.1944 (Yvonne Büttner, Sopran; Joachim Freyer, Klavier)

1. Die graue Stadt am Meer
   „Am grauen Strand, am grauen Meer"
2. Lied des Hafenmädchens
   „Heute, nur heute bin ich so schön"

3. Juli
„Klingt im Wind ein Wiegenlied“
4. Möwenflug
„Hin gen Norden zieht die Möwe“
5. „Das macht, es hat die Nachtigall“

Quellen:
- Autograph in Kopie (IX.2)

120 **Schlager** (unter dem Pseudonym Artur Bloy)
für Singstimme und Klavier
Entstehung: August/September 1951, eingereicht zum NWDR-Wettbewerb am 27.8.1951 (Nr. 10) und 1.9.1951 (Nr. 15)

1. Dionysos
2. Unser Opa ist mächtig auf Draht. Walzer
„Ja, die Alten haben noch Kraft“
3. Liebes Fräulein, ich bin von Natur aus schüchtern. Foxtrott
„Ach, ich hab es furchtbar schwer“
4. Sag mir doch, warum du so herzlos bist. Langsamer Walzer
„Alle Gedanken, die ich nur denke“
5. Di-da-di-did (Liebesmorsealphabet). Foxtrott
„In 'nem Bunker sitzen die Funker“
6. Hallo, wieso hast du 'nen Floh?. Foxtrott
„Lange vor Beginn der Zivilisation“
7. Winke an der Autobahn. Foxtrott
„Eines Tages wollte ich einmal verreisen“
8. Hallo! Juhu!
„Wenn man eine Freundin hat“
9. Der Kuckuck-Fox (Der Gerichtsvollzieher kommt)
„Was klebt da am Vertiko?“
10. „Über der See stehn vieltausend Sterne“ (Travemünde). Langsamer Walzer
11. Wenn dir ein Stern vom Himmel fällt. Langsamer Walzer
„Liebe macht dich glücklich“
12. Ach, wie schade!. Langsamer Foxtrott
„Manchmal bringt der Zufall dir den Menschen nah“
13. Blaues Meer. Slowfox
„Was wir Menschen träumen“
14. „Mädchen ohne Zahl“. Foxtrott
15. „Vor Travemünde“. Langsamer Foxtrott

Quellen:
- Partitur (XI.1)
- Skizze, Nr. 9 (XI.1)

121 **Weissagung**
„Das Volk, das im Finstern wandelt"
für Knabensopran und Orgel
Text: Jesaja 9, 2
Quellen:
- Partitur (Autograph) in Kopie

3. Bearbeitungen, weltlich/geistlich

130 1/13 **„Als ich bei meinen Schafen wacht"**
für 3 Knaben-/Frauenstimmen, Basssolo, 2 Trompeten, 3 Posaunen
Quellen:
- privater Notensatz

131 **2 Arrangements**
für 2 Singstimmen, 2 Violinen, Klarinette, Violoncello
1. „Ei du feiner Reiter"
2. „Der Kuckuck und der Esel"
Quellen:
- Partitur (VI.21)

132 **4 Beatles-Songs**
arrangiert für Männerchor
Vollendung: 5.1.1984
1. „Yesterday"
2. „Honey Pie"
3. „Yesterday Night"
4. „Michelle"
Quellen:
- Partitur (VI.25)

133 **„Blaue Berge, grüne Tannen" (Riesengebirgs-Lied)**
für 4st. gem. Chor
Quellen:
- Partitur (VI.21)

134 **„Der Mond ist aufgegangen"**
für 3st. Knabenchor
Quellen:
- Partitur (VI.6, DK)

135 **„Die liebe Maienzeit"**
für 4st. gem. Chor
Quellen
- Partitur (Autograph) (DK)

136 **3 englische Songs**
für 5–6st. gem. Chor
Entstehung: 1972
1. My old Kentucky home
2. Old folks at home
„Way down upon de Swanee ribber"
3. Oh Susanna
„I come from Alabama"
Quellen:
- Partitur (VI.22)
- Partitur, Nr. 2 u. 3 (GK)

137 **5 englische Volkslieder**
für 4–6st. gem. Chor
1. „The Keeper"
2. The Tailor and his Mouse
„There was a tailor had a mouse"
3. Strawberry Fair
„As I was going to Strawberry Fair"
4. „The Animals went into the ark"
5. „Come ye young Men"
Quellen:
- Partitur (VI.5, GK)

138 **„Gesegn dich Laub"**
Volkslied aus dem 16. Jahrhundert
für 4st. gem. Chor
Entstehung: 1953
Uraufführung: Peine, 30.5.1954 (Städtischer Chor Peine; Leitung: Franz Herzog)
Quellen:
- Partitur (VI.12, GK)

139 **Hexenlied**
Felix Mendelssohn Bartholdy, op. 8 Nr. 8
Text: Ludwig Hölty
Bearbeitung für 4st. gem. Chor und Instrument(e)
Quellen:
- Chorpartitur (VI.25)

140 1/15 **„Jauchzet, ihr Himmel"**
für Gemeinde, 2 Flöten, 2 Oboen, 2 Klarinetten, Fagott, 3 Trompeten, 3 Posaunen, Tuba, Glockenspiel und Orgel (Satz: Rudolf Mauersberger)
Quellen:
- Partitur (VI.21)

141 **„Joseph, lieber Joseph mein"**
für Sopran-Solo und 4st. gem. Chor
Quellen:
- Partitur (VI.19, GK)

142 **Klage und Trost**
„Viel elender bin ich auf dieser Welt"
Volkslied aus Wittichenau
für 4st. gem. Chor
Uraufführung: Peine, 30.5.1954 (Städtischer Chor Peine, Leitung: Franz Herzog)
Quellen:
- Partitur (VI.12, VI.13)

(143) **3 Lieder**
für gem. Chor, Gitarre, 2 Kontrabässe, Pauke
1. Wir lieben sehr im Herzen
2. Fahren wir froh im Nachen
3. Hei, die Pfeifen klingen

Partitur verschollen (Nachweis: Götz, S. 17)
Quellen:
- Stimmen (GK)

144 **Mailied**
„Der Schnee zerrinnt, der Mai beginnt"
für 4st. gem. Chor
Quellen:
- Einzelstimmen (GK)

145 [1/6a] **„Maria durch ein Dornwald ging"**
für 4–5st. gem. Chor
Quellen:
- Partitur (VI.19, GK)

146 [1/7] **„Nun sei willkommen, Herre Christ"**
für 4st. gem. Chor
Quellen:
- Partitur (GK)

147 **O freudenreicher Tag**
„O Freude"
Freier Chorsatz über ein altfränkisches Weihnachtslied
für 4st. gem. Chor
Entstehung: 1954/55
Erster Aufführungsnachweis: Dresden, Kreuzkirche, 27./28.11.1956
(Dresdner Kreuzchor; Leitung: Rudolf Mauersberger)
Quellen:
- Partitur (VI.9)

148 [1/20] **„Psallite unigenito"**
Bearbeitung eines anonymen Satzes für 4st. gem. Chor
Quellen:
- Partitur (GK)

149 **5 Sätze für cantus firmus und konzertanten Knaben-/ Mädchenchor**
Entstehung: 1953
Uraufführung: 30.5.1954 (Städtischer Chor Peine; Leitung: Franz Herzog)
1. „Urlaub hab der Winter"
2. „Ach Elslein, liebes Elslein"
3. „Wieder ist der Mai entsprossen"
4. „Wohl kommt der Mai"
5. „Es steht ein Lind"

Quellen:
- Partitur (VI.20, GK)

150 **„Soldaten"**
für 4st. Männerchor
Text: Lutz Gottschalk
Quellen:
- Partitur (Autograph in Kopie) (VI.21)

151 **6 Spirituals**
für Bariton und 4–8st. Männerchor
Erster Aufführungsnachweis: NDR, 20.2.1961 (Hans Georg Horn, Bariton; Katholischer Männerchor „Cäcilia" Göttingen; Leitung: Franz Herzog)

1. „Were you dere"
2. „I'm troubled in mind"
3. Go, tell it on de mountains
   „When I was a learner"
4. „Swing low"
5. „Wade in de water"
6. „Nobody knows, who I am"

Quellen:
- Partitur (VI.3)

152 **„Stille Nacht, heilige Nacht"**
für 4–5st. gem. Chor
Erster Aufführungsnachweis: Peine, 24.12.1951
Quellen:
- Partitur (GK)

153 **„Umrahmt von grünen Bergesketten"**
für gem. Chor und Knabenchor
Quellen:
- Partitur (Autograph) (VI.2)

154 **5 Volkslieder**
für 4–7 st. gem. Chor
Entstehung: 1982

1. „Schwefelhölzle"
2. „Im Märzen der Bauer"
3. „Ging ein Weiblein Nüsse schütteln"
4. „Rote Wolken am Himmel"
5. „Der Mond ist aufgegangen"

Quellen:
- Gesamtpartitur (VI.26)
- Einzelpartitur, Nr. 1–5 (GK)

155 **5 Volksliedbearbeitungen**
für 4–8st. gem. Chor
Entstehung: 1966

1. „Auf einem Baum ein Kuckuck saß"
2. „Es saß ein klein wild Vögelein"
3. „Zwischen Berg und tiefem Tal"
4. „Im Walde, da wachsen die Beer'n"
5. „Wenn die Bettelleute tanzen"

Quellen:
- Partitur (VI.15, GK)

156 **„Vom Himmel hoch"**
für Solostimme und 5st. gem. Chor
Quellen:
- Partitur (GK)

157 **Wiegenlied von Johannes Brahms**
„Guten Abend, gut' Nacht"
bearbeitet für 4st. gem. Chor und Instrument(e)
Quellen:
- Partitur (GK)

158 **6 polnische Lieder von Frédéric Chopin**
bearbeitet für 4st. gem. Chor und Klavier
Erster Aufführungsnachweis: 11.3.1963

1. Der Bote
2. Mein Geliebter
3. Melancholie
4. Bacchanal
5. Zwei Leichen
6. Die Heimkehr

Quellen:
- Partitur (VI.22, GK)

(165) **Arie und Concertino**
für Streicher
Erster Aufführungsnachweis: Göttingen, Felix-Klein-Gymnasium, Aula, 15.12.1954 (Orchester des Felix-Klein-Gymnasiums; Leitung: Franz Herzog)
Noten verschollen

(166) **Klang- und Metrikstudie**, op. 31a
für Streichorchester
Noten verschollen (Nachweis: Götz, S. 4)

(167) **Kleine Symphonie für junge Musikanten**
für Orchester
Entstehung: vermutlich um 1965
1. Largo – Allegro
2. Aria
3. Tempo di menuetto
4. Rondo – Allegro
Noten verschollen (Nachweis: Götz, S. 4)

168 **Konzert für Klavier und Orchester d-Moll**
Entstehung: 1946
Klavierauszug
1. Allegro
2. Andante un poco adagio, cantabile ed espressivo
3. Allegro assai
Quellen:
- Partitur (IV.1)

169 **Konzertante Musik für Klavier und Orchester in klassischer Manier**
Besetzung: 3 Hörner, Pauken, Streicher, Klavier
Entstehung: 1938
Erster Aufführungsnachweis: Dresden, April 1941 (Dresdner Philharmonie, Franz Herzog, Klavier, Leitung: Wilhelm Biesold

1. Rasche Viertel, rhythmisch gespannt
2. Ruhige Viertel, ausdrucksvoll, doch nicht schleppend
3. Frei
4. Tempo I

Quellen:
- Partitur (Autograph) (II.1)
- Klavierauszug (GK)

170 **Konzert-Suite d-Moll**
für Orchester
Entstehung: 1941

1. Andante ma non troppo e sempre espressivo
   Ruhig fließend, aber immer ausdrucksvoll
2. Presto
   Rasche Viertel
3. Largo non troppo, cantabile (quasi Sarabande)
   Langsam und sehr gesungen, ein wenig betont starr in den Vierteln
4. Allegro assai, giocoso
   Sehr rasch, aber klar und gut pointiert
5. Allegro non troppo

Quellen:
- Partitur (Autograph) (II.2)

171 **Rondo-Fox für Klavier und Orchester**
Quellen:
- Klavierauszug (IV.2)

172 **5 Stücke für Blasorchester nach Alexander Gretschaninoff**
Auftragsarbeit für das Rundfunkorchester Hannover
Erster Aufführungsnachweis: NDR, 12.4.1961

1. Walzer
2. Hoch zu Roß
   Presto, sempre staccato e forte
3. Mazurka
4. Tanz
   Mäßig schnelle Halbe
5. Marsch

Quellen:
- Partitur (II.3)

173 **Sonntags im Zoo (Rondo zoologico)**
notgedrungen für Schulorchester komponiert
Entstehung: evtl. bis 1962

- I Andante sperante
- A Raubtiere
- II Andante con un po' di terrore
- B Gefiedertes Volk der Volière
- III Andantino danzante
- C Schlangenbeschwörung
- IV Andante reptile
- D Elefantenparade
- V Andante ultimo
- E Affentheater con Gorilla solo

Quellen:
- Partitur (II.4)
- Stimmen (GK)

2. Werke für große Bläserbesetzung

180 **4 Fanfaren für 3–4 Bläser**
Entstehung: Dresden
Es liegt zu grunde bei 1. Burschen heraus
2. frei
3. frei
4. Burschen heraus u. Moz[art] Zauberfl[öte] Vor[spiel] Allegro-Thema

1. Rasche Viertel
2. Sehr rasche Viertel
3. [unbezeichnet]
4. [unbezeichnet]

Quellen:
- Partitur (IV.2)

181 **Festliche Musik für Bläser**
Besetzung: Flöte, Oboe, Klarinette, Fagott, 3 Hörner, 2 Trompeten, 3 Posaunen, Tuba, Pauken

1. Marschtempo
2. Ruhig und ausdrucksvoll
3. Schnell

Quellen:
- Partitur (II.1)
- Skizzen (II.1)

182 **Konzertante Musik für Blechbläser**
Besetzung: 2 Trompeten, Horn, Tenorposaune, Bassposaune
Quellen:
- Partitur (III.2)
- Stimmen (III.2)

3. Kammermusik

185 **Concertino für Bläser. Drei Verwandlungen einer Reihe**
für Flöte, Oboe, Klarinette (C), Fagott
Quellen:
- Partitur (III.1)

(186) **Concertino**
für Holzbläserquintett
Noten verschollen (Nachweis: Götz, S. 4)

187 **Sonate a-Moll für Violine (Flöte) und Klavier**
Entstehung: 1944
1. Allegro
2. Largo ed espressivo
3. Allegro quasi allegretto
Quellen:
- Partitur (Autograph) (III.1)

188 **Sonate D-Dur für Violine und Klavier**
Erster Aufführungsnachweis: Köln, NWDR, 23.11.1950 (Wolfgang Marschner, Violine [Pianist unbekannt])
1. Rasche Halbe
2. [unbezeichnet]
3. [unbezeichnet]
Quellen:
- Partitur (Autograph) (III.1)

189 **Tarantelle für Violine und Klavier**
Wolfgang Marschner gewidmet
Quellen:
- Autograph (IV.2)

190 **Übungsstück für Susanne, Klaus-Peter und Andreas**
für Flöte, Oboe, Fagott
Quellen:
- Partitur, Stimmen (IV.3)

4. Werke für Tasteninstrumente

195 **Allegro F-Dur**
Quellen:
- Autograph (IV.2)

196 **Andante es-Moll**
Entstehung: 1945–1950
Andante non tanto, molto cantabile ed espressione
Ruhige halbe Takte, sehr innig und ausdrucksvoll
Quellen:
- Autograph (IV.2)

197 **4 Bagatellen**
1. Sehr rasch
2. Ruhig
3. [?]
4. [ohne Bezeichnung]
Quellen:
- Autograph Nr. 1, 2, 4 (IV.3) (Nr. 3 verschollen)

198 **3 Banalysen (Profan-tasien)**
1. Allegro
2. [ohne Bezeichnung]
3. [ohne Bezeichnung]
Quellen:
- Autograph (IV.3)

199 **Impromptus**
1. Impromptu C-Dur
2. Impromptu Es-Dur
Quellen:
- Autograph (IV.2)

200 **Kadenz zu Mozarts Klavierkonzert d-Moll KV 466, 3. Satz**
Quellen:
- Autograph (IV.2)

201 **[Klavierstück C-Dur]**
[ohne Bezeichnung]
Quellen:
- Skizzenfragment (IV.1)

202 [2b] **Kleine Messe**
für Orgel
Uraufführung: Göttingen, Marienkirche, 2.4.1960 (Hans Otto, Orgel)
1. Kyrie
2. Gloria
3. Crucifixus
4. Dona nobis pacem
Quellen:
- Autograph (V.5)

203 **Neue Sonate für Klavier Nr. 2 d-Moll**
Entstehung: August 1942, Anfang der 1980er Jahre überarbeitet
Erster Aufführungsnachweis: Dresden, 16.4.1943 (Franz Herzog, Klavier)
1. Allegro
2. Andante molto cantabile e espressivo
3. Allegro assai
Quellen:
- Autograph (IV.1)

204 **Neue Sonate für Klavier Nr. 3 F-Dur**
Uraufführung.: Dresden, November 1943
1. Allegro
2. Andante tranquillo, ma cantabile ed espressivo
3. Molto allegro, concertante
Quellen:
- Autograph (IV.1)

205 **Neue Sonate für Klavier Nr. 4 a-Moll**
Entstehung: August 1945
1. Allegro moderato
2. Andante tranquillo sed molto con espressione
3. Allegro concertante
Quellen:
- Autograph (IV.1)

206 **Neue Sonate für Klavier Nr. 5 C-Dur**
1. Rasch, rhythmisch sehr gespannt und genau
2. Ruhig gehend, beweglich in Tempo und Ausdruck
3. Sehr rasch, aber Grundtempo beibehalten
Quellen:
- Autograph (IV.1)

207 **Sonate für Klavier C-Dur**
Entstehung: 1946
1. Schnell federnd, straff im Rhythmus
2. Ruhige Viertel, sehr gesungen
3. Sehr schnell, klar und rhythmisch scharf
Quellen:
- Autograph (IV.1)

(208) **3 Stücke für Klavier**
Erster Aufführungsnachweis: Dresden, Italienisches Dörfchen, 15.1.1938 (Franz Herzog, Klavier)
1. Improvisation
2. Impromptu
3. Etude
Noten verschollen

209 **Tatjana's Melody**
Eine Zusammenstellung von Kompositionen von F. Oyes für Hammond-Orgel
Quellen:
- Autograph (XI.1)

210 **Thema, Variationen und Fuge für Klavier**

Entstehung: August 1946

1. Thema
2. 1. Variation
3. 2. Variation
4. 3. Variation
5. 4. Variation
6. 5. Variation
7. 6. Variation
8. 7. Variation
9. Fuge

Quellen:

- Autograph (IX.2)

(211) **17 Übungen für Pianisten**

Noten verschollen (Nachweis: Götz, S. 6)

Tonaufnahmen

Die Aufstellung enthält sämtliche Aufnahmen, die unter Leitung oder Einstudierung Franz Herzogs entstanden und nachweisbar sind. Außerdem finden sich alle belegbaren Produktionen und Konzertmitschnitte mit Werken Franz Herzogs, die von anderen Interpreten in Mitschnitten und Produktionen überliefert sind. Sofern nicht anders angegeben, gehen die Daten der Rundfunkaufnahmen auf Informationen des Deutschen Rundfunkarchivs Potsdam-Babelsberg zurück.

I. Franz Herzog als Dirigent

Alfvén, Hugo

Uti var hage

Göttinger Knabenchor

A: Reinhausen, Klosterkirche, 10.1977; T: GK 8

Anonymus

Psallite unigenito

Göttinger Knabenchor

A. Göttingen, Stadthalle, 10.1966; P: Teldec; T: GK 3

Göttinger Knabenchor

A: 10.1969; P: Teldec; T: GK 5

Göttinger Knabenchor

A: Reinhausen, Klosterkirche, 12.1977; P: Sonopress; T: Sonopress A-3925

Bennet, John

Fließet dahin, ihr Tränen

Göttinger Knabenchor

A: Göttingen, Stadthalle, 10.6.1966 (K); P: Teldec; T: GK 2

Brahms, Johannes

Fahr wohl, op. 91,4

Göttinger Knabenchor

A: Göttingen, Stadthalle, 10.6.1966 (K); P: Teldec; T: GK 2

Fest- und Gedenksprüche, op. 109

Göttinger Knabenchor

A: Göttingen, Stadthalle, 9.6.1967; P: Teldec; T: GK 4

In stiller Nacht, WoO 34,8

Göttinger Knabenchor

A: Göttingen, Stadthalle, 10.6.1966 (K); P: Teldec; T: GK 2

Göttinger Knabenchor

A: Reinhausen, Klosterkirche, 10.1977; T: GK 8

Waldesnacht, op. 62,3

Göttinger Knabenchor

A: Göttingen, Stadthalle, 10.6.1966 (K); P: Teldec; T: GK 2

Britten, Benjamin

A Hymn to the Virgin (1930/34)

Göttinger Knabenchor

A: Reinhausen, Klosterkirche, 10.1977; T: GK 8

Missa brevis D-Dur, op. 63

Göttinger Knabenchor; Werner Jahr, Orgel

A: Frankfurt (Main), Hessischer Rundfunk, Großer Sendesaal, 6.10.1964; P: HR

Bruch, Max

Waldpsalm, op. 38

Göttinger Knabenchor

A: Göttingen, Stadthalle, 9.6.1967; P: Teldec; T: GK 4

Bruckner, Anton

Ave Maria, WAB 6

Göttinger Knabenchor

A:Göttingen, Felix-Klein-Gymnasium, 5.5.1964; P: NDR

Göttinger Knabenchor

A: Göttingen, Stadthalle, 10.6.1966 (K); P: Teldec; T: GK 2

Göttinger Knabenchor

A: 1974; P: EHA-Produktion; T: EHA-Produktion X-5033

Christus factus est, WAB 11

Göttinger Knabenchor

A: Göttingen, Felix-Klein-Gymnasium, 5.5.1964; P: NDR

Göttinger Knabenchor

A: 1974; P: EHA-Produktion; T: EHA-Produktion X-5033

Locus iste, WAB 23

Göttinger Knabenchor

A: Göttingen, Felix-Klein-Gymnasium, 5.5.1964; P: NDR

Göttinger Knabenchor

A: 1974; P: EHA-Produktion; T: EHA-Produktion X-5033

Os justi, WAB 30

Göttinger Knabenchor

A: Göttingen, Felix-Klein-Gymnasium, 5.5.1964; P: NDR

Pange lingua, WAB 33

Göttinger Knabenchor

A: 1974; P: EHA-Produktion; T: EHA-Produktion X-5033

Virga Jesse, WAB 52

Göttinger Knabenchor

A: Göttingen, Felix-Klein-Gymnasium, 5.5.1964; P: NDR

Deák-Bárdos, György

Eli

Göttinger Knabenchor

A: Reinhausen, Klosterkirche, 10.1977; T: GK 8

Distler, Hugo

Es geht ein dunkle Wolk herein (1932)

Städtischer Chor Peine

*A: nach 1950; P; NDR**

Dowland, John

Der Frühtau fällt

Göttinger Knabenchor

A: Göttingen, Stadthalle, 10.6.1966 (K); P: Teldec; T: GK 2

Dvořák, Antonín

In der Natur, op. 63

- Nr. 4, Birke am grünen Bergeshang

Göttinger Knabenchor

A: Göttingen, Stadthalle, 9.6.1967; P: Teldec; T: GK 4

- Nr. 5, Ein Sommertag

Göttinger Knabenchor

A: Göttingen, Stadthalle, 9.6.1967; P: Teldec; T: GK 4

Drießler, Johannes

O Musica

Städtischer Chor Peine

*A: nach 1950; P: NDR**

Eccard, Johannes

O Freude über Freud

Göttinger Knabenchor

A: 10.1969; P: Teldec; T: GK 5

Übers Gebirg Maria geht

Göttinger Knabenchor

A: 10.1969; P: Teldec; T: GK 5

Freundt, Cornelius

Wie schön singt uns der Engel Schar

Göttinger Knabenchor

A: 10.1969; P: Teldec; T: GK 5

Göttinger Knabenchor

A: Reinhausen, Klosterkirche, 12.1977; P: Sonopress; T: Sonopress A-3925

Fuchs, Robert

O Jesulein zart

Göttinger Knabenchor

A: 10.1969; P: Teldec; T: GK 5

Göttinger Knabenchor

A: Reinhausen, Klosterkirche, 12.1977; P: Sonopress; T: Sonopress A-3925

Gallus, Jacobus

Duo Seraphim clamabant

Göttinger Knabenchor

A: 1974; P: EHA-Produktion; T: EHA-Produktion X-5033

Ecce quomodo moritur

Göttinger Knabenchor

A: Reinhausen, Klosterkirche, 10.1977; T: GK 8

Pater noster

Göttinger Knabenchor

A: 1974; P: EHA-Produktion; T: EHA-Produktion X-5033

Hammerschmidt, Andreas

Machet die Tore weit

Göttinger Knabenchor

A: Göttingen, Stadthalle, 10.1966 P: Teldec; T: GK 3

Hashagen, Klaus

Das Gebet Manasses

Robert Titze, Bariton; Katholischer Männerchor „Cäcilia" Göttingen

A: Hameln, Weserberglandhalle, 9.6.1963; P: NDR

Herzog, Franz

Als ich bei meinen Schafen wacht, FHWV 130

Udo Roestel, Bass; Gerhard Ramspott, Heinrich Halfbrodt, Heinrich Bunzendahl, Trmpete; Hans Leven, Heinrich Wagemann, Manfred Wiedmann, Posaune; Göttinger Knabenchor;

A: Reinhausen, Klosterkirche, 12.1977; P: Sonopress; T: Sonopress A-3925

Deklamationen, op. 41, FHWV 51

Manfred Kullmann, Klavier; Hans-Jürgen Niediek, Gitarre; Hanns Lecke, Kontrabass, Kath. Männerchor Cäcilia Göttingen

A: Göttingen, Felix-Klein-Gymnasium, 28.2.1959; P: NDR

Die Müllerstochter, FHWV 53

Manfred Kullmann; Katholischer Männerchor „Cäcilia" Göttingen

A: Göttingen, Felix-Klein-Gymnasium, 28.2.1959; P: NDR

Du wirst meine Seele nicht dem Tode lassen, FHWV 12

Schulchor des Felix-Klein-Gymnasiums Göttingen

*A: 1962; P: NDR**

3 englische Songs, FHWV 136
- Nr. 2, Old folks
Göttinger Knabenchor
A: Reinhausen, Klosterkirche, 10.1977; T: GK 8
- Nr. 3, Oh Susanna
Göttinger Knabenchor
A: Reinhausen, Klosterkirche, 10.1977; T: GK 8

Fluch des Krieges, FHWV 57b
Göttinger Knabenchor; Harald Zwanziger, Klavier
A: Göttingen, 19.3.1964; P: NDR

Gesegn dich Laub, FHWV 138
Kammerchor des Städtischen Chores Peine
*A: nach 1950; P: NDR**

Händel-Historical, FHWV 41
Paul Medina, Karin Rust, Erika Wümmling, Peter Grande, Ernst A. Hartung, Göttinger Knrabenchor u. Solisten; Rundfunkorch. Hannover; Play-Händel-Jazzband (Falk Zimmer, Cembalo/Klavier; Kai Spengler, Kontrabass; Detlef Grimm, Schlagzeug; Michael Schaefer, Orgel
*A: Göttingen, Stadthalle, 6.7.1971; P: DLF**

Klage und Trost, FHWV 142
Kammerchor des Städtischen Chores Peine
*A: nach 1950; P: NDR**

Lasset das Wort Christi unter euch reichlich wohnen, FHWV 18
Schulchor des Felix-Klein-Gymnasiums Göttingen
*A: um 1962; P: NDR**

2 Lieder, FHWV 58
Schulchor des Felix-Klein-Gymnasiums Göttingen; Klaus Behrends, Trompete; Gerd Deeke, Klavier; Bernd Liese, Gitarre; Fred Rinke, Schlagzeug; Andreas Herzog, Kontrabass
*A: um 1962; P: NDR**

Palmström-Suite, op. 32, FHWV 62
Schulchor des Felix-Klein-Gymnasiums Göttingen; Falk Zimmer, Helmut Rümenapp, Klavier; Günter Stachowski, Kontrabass; Hans-Jürgen Ulrich, Gitarre; Manfred Henkel, Sprecher
*A: Göttingen, Felix-Klein-Gymnasium, 15.3.1958; P: NDR**
Göttinger Knabenchor; Falk Zimmer, Helmut Rümenapp, Klavier; Siegfried Michalski, Gitarre; Gerhard Handschick, Kontrabass; Peter Seidensticker, Sprecher
A: Göttingen, Stadthalle, 10.–11.7.1965; P: Gustav Bosse Verlag, Regensburg; T: GK 1

6 Spirituals, FHWV 151
Hans Georg Horn, Bariton; Katholischer Männerchor „Cäcilia" Göttingen
A: Hannover, Landesfunkhaus, 20.2.1961; P: NDR

5 Volksliedbearbeitungen, FHWV 155
- Nr. 1, Auf einem Baum ein Kuckuck saß
    Göttinger Knabenchor
    A: Göttingen, Stadthalle, 10.6.1966 (K); P: Teldec; T: GK 2
- Nr. 3, Zwischen Berg und tiefem Tal
    Göttinger Knabenchor
    A: Göttingen, Stadthalle, 10.6.1966 (K); P: Teldec; T: GK 2
    Göttinger Knabenchor
    A: Reinhausen, Klosterkirche, 10.1977; T: GK 8
- Nr. 5, Wenn die Bettelleute tanzen
    Göttinger Knabenchor
    A: Göttingen, Stadthalle, 10.6.1966 (K); P: Teldec; T: GK 2
    Göttinger Knabenchor
    A: Reinhausen, Klosterkirche, 10.1977; T: GK 8

Weihnachtsmusik des Göttinger Knabenchores, FHWV 5
- Nr. 4, Macht hoch die Tür
    Gerhard Ramspott, Heinrich Halfbrodt, Heinrich Bunzendahl, Trmpete; Hans Leven, Heinrich Wagemann, Manfred Wiedmann, Posaune; Detlef Eschke, Pauken / Göttinger Knabenchor
    Aufnahme: Reinhausen, Klosterkirche, 12.1977; P: Sonopress; T: Sonopress A-3925
- Nr. 6a, Maria durch ein Dornwald ging
    Göttinger Knabenchor
    A: Reinhausen, Klosterkirche, 12.1977; P: Sonopress; T: Sonopress A-3925
- Nr. 7, Nun sei willkommen, Herre Christ
    Göttinger Knabenchor
    A: Göttingen, Stadthalle, 10.1966 (K); P: Teldec; T: GK 3
    Göttinger Knabenchor
    A: 10.1969; P: Teldec; T: GK 5
- Nr. 8, 10, 14, 18, 24, Chorrezitativ I–V
    Göttinger Knabenchor; Günther Lingner, Heinrich Halfbrodt, Lutz Landgräfe, Trompete; Hans Lewen, Walter Guenther, Joachim Mittellacher, Posaune; Detlev Eschke, Pauken, Gerhard Handschick, Orgel
    A: Göttingen, Stadthalle, 10.1966; P: Teldec; T: GK 3
    Gerhard Ramspott, Heinrich Halfbrodt, Heinrich Bunzendahl, Trmpete; Hans Leven, Heinrich Wagemann, Manfred Wiedmann, Posaune; Detlef Eschke, Pauken / Göttinger Knabenchor
    A: Reinhausen, Klosterkirche, 12.1977; P: Sonopress; T: Sonopress A-3925
- Nr. 9a, Joseph, lieber Joseph mein
    Göttinger Knabenchor
    A: Reinhausen, Klosterkirche, 12.1977; P: Sonopress; T: Sonopress A-3925
- Nr. 11, Vom Himmel hoch, da komm ich her
    Göttinger Knabenchor
    A: 10.1969; P: Teldec; T: GK 5

- Nr. 25, In dulci jubilo
  Göttinger Knabenchor
  A: Göttingen, Stadthalle, 10.1966; P: Teldec; T: GK 3
- Nr. 26, O du fröhliche
  Göttinger Knabenchor; Günther Lingner, Heinrich Halfbrodt, Lutz Landgräfe, Trompete; Hans Lewen, Walter Guenther, Joachim Mittellacher, Posaune; Detlev Eschke, Pauken, Gerhard Handschick, Orgel
  A: Göttingen, Stadthalle, 10.1966; P: Teldec; T: GK 3
  Göttinger Knabenchor; Gerhard Ramspott, Heinrich Halfbrodt, Heinrich Bunzendahl, Trmpete; Hans Leven, Heinrich Wagemann, Manfred Wiedmann, Posaune; Detlef Eschke, Pauken
  A: Reinhausen, Klosterkirche, 12.1977; P: Sonopress; T: Sonopress A-3925

Hirsch, Carl

Es flog ein Täublein weiße

Göttinger Knabenchor
A: Göttingen, Stadthalle, 10.1966; P: Teldec; T: GK 3
Göttinger Knabenchor
A: 10.1969; P: Teldec; T: GK 5
Göttinger Knabenchor
A: Reinhausen, Klosterkirche, 12.1977; P: Sonopress; T: Sonopress A-3925

Schlaf wohl, du Himmelsknabe du

Göttinger Knabenchor
A: Göttingen, Stadthalle, 10.1966; P: Teldec; T: GK 3

Vom Himmel hoch, ihr Englein kommt

Göttinger Knabenchor
A: Göttingen, Stadthalle, 10.1966; P: Teldec; T: GK 3

Homilius, Gottfried August

Domine ad adjuvandum me festina

Göttinger Knabenchor
A: 1974; P: EHA-Produktion; T: EHA-Produktion X-5033

Hult, John

Glädjens blomster

Göttinger Knabenchor
A: Reinhausen, Klosterkirche, 10.1977; T: GK 8

Isaac, Heinrich

Innsbruck, ich muss dich lassen

Göttinger Knabenchor
A: Göttingen, Stadthalle, 10.6.1966 (K); P: Teldec; T: GK 2

Kaminski, Heinrich

Maria durch ein Dornwald ging (1930)

Göttinger Knabenchor

A: Göttingen, Stadthalle, 10.1966 (K); P: Teldec; T: GK 3

Göttinger Knabenchor

A: 10.1969; P: Teldec; T: GK 5

Koerppen, Alfred

5 Chorlieder nach Gedichten von Joseph Eichendorff

Schulchor des Felix-Klein-Gymnasiums Göttingen; Katholischer Männerchor „Cäcilia" Göttingen; Martin Galling, Klavier

A: Göttingen, Felix-Klein-Gymnasium, Aula, 21.6.1962; P: NDR

Kuhnau, Johann

Tristis est anima mea

Göttinger Knabenchor

A: 1974; P: EHA-Produktion; T: EHA-Produktion X-5033

Göttinger Knabenchor

A: Reinhausen, Klosterkirche, 10.1977; T: GK 8

Lechner, Leonhard

Neue lustige teutsche Lieder nach art der welschen Canzonen mit vier Stimmen (Nürnberg, 1588)

- Gott b'hüte dich

Göttinger Knabenchor

A: Göttingen, Stadthalle, 10.6.1966 (K); P: Teldec; T: GK 2

Mauersberger, Rudolf

Berggipfel erglühen, RMWV 384 (nach einem Satz von Siegfried Kuhn)

Göttinger Knabenchor

A: Göttingen, Stadthalle, 10.6.1966 (K); P: Teldec; T: GK 2

Christvesper des Dresdner Kreuzchores, RMWV 7

- Nr. 11, Joseph, lieber Joseph mein

Göttinger Knabenchor

A: Göttingen, Stadthalle, 10.1966; P: Teldec; T: GK 3

Göttinger Knabenchor

A: 10.1969; P: Teldec; T: GK 5

- Nr. 16, Jauchzet, ihr Himmel

Göttinger Knabenchor; Günther Lingner, Heinrich Halfbrodt, Lutz Landgräfe, Trompete; Hans Lewen, Walter Guenther, Joachim Mittellacher, Posaune; Detlev Eschke, Pauken, Gerhard Handschick, Orgel

A: Göttingen, Stadthalle, 10.1966; P: Teldec; T: GK 3

Mendelssohn Bartholdy, Felix

Denn er hat seinen Engeln befohlen, MWV B 53

Göttinger Knabenchor

A: Göttingen, Stadthalle, 10.6.1966 (K); P: Teldec; T: GK 2

Die Nachtigall, sie war entfernt, MWV F 24

Göttinger Knabenchor

A: Göttingen, Stadthalle, 9.6.1967; P: Teldec; T: GK 4

Hebe deine Augen auf, MWV A 25,28

Göttinger Knabenchor

A: Göttingen, Stadthalle, 10.6.1966 (K); P: Teldec; T: GK 2

O Täler weit, o Höhen (Abschied vom Wald), MWV F 20

Göttinger Knabenchor

A: Göttingen, Stadthalle, 10.6.1966 (K); P: Teldec; T: GK 2

Göttinger Knabenchor

A: Reinhausen, Klosterkirche, 10.1977; T: GK 8

Richte mich, Gott, MWV B 46

Göttinger Knabenchor

A: 1974; P: EHA-Produktion; T: EHA-Produktion X-5033

Warum toben die Heiden, MWV B 41

Göttinger Knabenchor

A: 1974; P: EHA-Produktion, 1974; T: EHA-Produktion X-5033

Moniuszko, Stanislaw

Przylecieli sokolowie

Göttinger Knabenchor

A: Reinhausen, Klosterkirche, 10.1977; T: GK 8

Morales, Christó

Missa cortilla

Katholischer Männerchor „Cäcilia" Göttingen

A: Göttingen, Felix-Klein-Gymnasium, Aula, 7.6.1961; P: NDR

Mozart, Wolfgang Amadeus

Alma Dei creatoris, KV 277

Ensemble; Göttinger Knabenchor

A: Gelnhausen, Marienkirche, 5.10.1970; P: HR

Ave verum corpus, KV 618

Göttinger Knabenchor

A: Göttingen, Stadthalle, 10.6.1966 (K); P: Teldec; T: GK 2

Inter natos mulierum, KV 72

Ensemble; Göttinger Knabenchor

A: Gelnhausen, Marienkirche, 5.10.1970; P: HR

Venite populi, KV 260

Ensemble; Göttinger Knabenchor

A: Gelnhausen, Marienkirche, 5.10.1970; P: HR

Praetorius, Michael

Es ist ein Ros entsprungen

Göttinger Knabenchor

A: 10.1969; P: Teldec; T: GK 5

Riedel, Karl

Freu dich, Erd und Sternenzelt

Göttinger Knabenchor

A: Göttingen, Stadthalle, 10.1966; P: Teldec; T: GK 3

Göttinger Knabenchor

A: 10.1969; P: Teldec; T: GK 5

Göttinger Knabenchor

A: Reinhausen, Klosterkirche, 12.1977; P: Sonopress; T: Sonopress A-3925

Kommet, ihr Hirten

Göttinger Knabenchor

A: Göttingen, Stadthalle, 10.1966; P: Teldec; T: GK 3

Göttinger Knabenchor

A: 10.1969; P: Teldec; T: GK 5

Göttinger Knabenchor

A: Reinhausen, Klosterkirche, 12.1977; P: Sonopress; T: Sonopress A-3925

Lasst alle Gott uns loben

Göttinger Knabenchor

A: 10.1969; P: Teldec; T: GK 5

Göttinger Knabenchor

A: Reinhausen, Klosterkirche, 12.1977; P: Sonopress; T: Sonopress A-3925

Scarlatti, Alessandro

Exultate Deo

Göttinger Knabenchor

A: 1974; P: EHA-Produktion; T: EHA-Produktion X-5033

Schumann, Robert

Zigeunerleben, op. 29,3

Göttinger Knabenchor; Rudolf Heise, Klavier

A: Göttingen, Stadthalle, 10.6.1966 (K); P: Teldec; T: GK 2

Schütz, Heinrich

Singet dem Herrn ein neues Lied

Göttinger Knabenchor

A: 1974; P: EHA-Produktion; T: EHA-Produktion X-5033

Szamatul, Waclaw Z.

Juz sie smierzcha

Göttinger Knabenchor

A: Reinhausen, Klosterkirche, 10.1977; T: GK 8

Thiel, Carl

In dulci jubilo

Göttinger Knabenchor

A: 10.1969; P: Teldec; T: GK 5

II. Choreinstudierungen durch Franz Herzog+

Händel, Georg Friedrich

Acis und Galathea (Bearb. v. W. A. Mozart), KV 566

Günther Weißenborn / Jennifer Smith, Sopran; Nigel Rogers, Tenor u.a.; Göttinger Knabenchor; Südwestdeutsches Kammerorchester Pforzheim

A: Göttingen, Stadthalle, 3.6.1978 (K); P: NDR

Alexander Balus, HWV 65

Günther Weißenborn / Paul Esswood, Altus; Manfred Schenk, Bass; Göttinger Knabenchor; Südwestdeutsches Kammerorchester Pforzheim

A: Göttingen, Stadthalle, 23.6.1972 (K); P: NDR

Athalia, HWV 52

Günther Weißenborn / Emilia Petrescu, Sopran u.a.; Göttinger Knabenchor; Südwestdeutsches Kammerorchester Pforzheim

A: Göttingen, Stadthalle, 22.6.1968 (K); P: NDR

Cäcilien-Ode, HWV 76

Alfred Mann / Helene Boatwright, Sopran u.a.; Göttinger Knabenchor; Händel-Festspielorchester Göttingen

A: Göttingen, Stadthalle, 2.7.1967 (K); P: NDR

Jephta, HWV 70

Günther Weißenborn / Norma Procter, Alt; Nigel Rogers, Tenor u.a.; Göttinger Knabenchor; Südwestdeutsches Kammerorchester Pforzheim

A: Göttingen, Stadthalle, 29.6.1974 (K); P: NDR

Joseph und seine Brüder, HWV 59

Günther Weißenborn / Alfred Deller, Altus; Kurt Moll, Bass u.a.; Göttinger Knabenchor; Händel-Festspielorchester; Südwestdeutsches Kammerorchester Pforzheim

A: Göttingen, Stadthalle, 17.6.1969 (K); P: NDR

Judas Maccabäus, HWV 63

Günther Weißenborn / Werner Hollweg, Tenor u.a.; Knaben- und Männerchor der Staatlichen Philharmonie Posen (E: Stefan Stuligrosz); Göttinger Knabenchor; Südwestdeutsches Kammerorchester Pforzheim

A: Göttingen, Stadthalle, 15.6.1977 (K); P: NDR

Messias, HWV 56

Günther Weißenborn / Emilia Petrescu, Sopran; Hanna Schwarz, Alt; Kurt Equiluz, Tenor; Peter Meven, Bass; Posener Nachtigallen (E: Stefan Stuligrosz); Göttinger Knabenchor (E: Franz Herzog); Händel-Festspielorchester Göttingen; Südwestdeutsches Kammerorchester Pforzheim

A: Göttingen, Stadthalle, 24.6.1973 (K); P: Teldec; T: Xenophon X-5031

Saul, HWV 53

Günther Weißenborn / Heinz Kruse, Tenor; Dietrich Fischer-Dieskau, Bariton; Göttinger Knabenchor; Rundfunkorchester Hannover

A: Göttingen, Stadthalle, 26.6.1975 (K); P: NDR

Solomon, HWV 67

Günther Weißenborn / Dietrich Fischer-Dieskau, Bariton u.a.; Göttinger Knabenchor; Südwestdeutsches Kammerorchester Pforzheim

A: Göttingen, Stadthalle, 19.6.1970; P: NDR

The Triumph of Time and Truth, HWV 71

Günther Weißenborn / Margaret Marshall, Sopran; Catherine Gayer, Sopran u.a.; Göttinger Knabenchor; Rundfunkorchester Hannover

A: Göttingen, Stadthalle, 23.6.1976; P: NDR

III. Kompositionen Franz Herzogs in fremden Interpretationen

Freut euch, ihr Menschen, alle, op. 42,2, FHWV 15

Wilfried Garbers / Hannoversche Solistenvereinigung

A: Hannover, Landesfunkhaus, 21.11.1959; P: NDR

5 Gesänge nach Texten von Rainer Maria Rilke, FHWV 112

Reinhold Wiedenmann, Bariton / Günter Neidlinger, Klavier

A: 9.1.1984; P: BR

Li-Tai-Pe/Klabund, Chorliederbuch, Teil 1, FHWV 89

- Nr. 4, Schenke im Frühling; Nr. 8, Der große Räuber

Wilfried Garbers / Hannoversche Solistenvereinigung

A: Hannover, Landesfunkhaus, 18.6.1960; P: NDR

Mein Auge ist dunkel geworden vor Trauern, op. 42,1, FHWV 21

Wilfried Garbers / Hannoversche Singvereinigung

A: Hannover, Landesfunkhaus, 19.12.1963; P: NDR

Messe für Knabenstimmen, 2 Trompeten, Altposaune, Kontrabass, op. 40, FHWV 4

Rudolf Mauersberger / Fritz Georg Langer, Willy Ackermann, Trompete; Richard Zettler, Ludwig Bertz, Posaune; Karl-Heinz Krüger, Kontrabass; Dresdner Kreuzchor

A: Stuttgart, 27.10.1960; P: SDR; T: DK Archiv 9

3 Motetten in rezitativischem Stil, FHWV 22

- Nr. 2, Wir bauen an dir mit zitternden Händen

Roderich Kreile / Dresdner Kreuzchor

A: Bad Doberan, Münster, 21.6.2002 (K); P: NDR

Roderich Kreile / Dresdner Kreuzchor

A: Wittenberg, Stadtkirche, 25.8.2002 (K); P: MDR

Rudolf Mauersberger / Dresdner Kreuzchor

A: Stuttgart, 25.10.1960; P: SDR; T: ebs Records 6073

O verlerne die Zeit, FHWV 91
Rudolf Mauersberger / Dresdner Kreuzchor
A: Dresden, Sender Dresden, Saal 1, 18.9.1949; P: Rundfunk der DDR
Palmström-Suite, op. 32, FHWV 62
- Nr. 4, Die Korf'sche Uhr (Walzer)
Gerhard Deutschmann / Chor des Gymnasium Albertinum Coburg / Georg Schneider, Klavier
A: Coburg, Fachhochschule, Aula, 1985; P: Lorby, 1986; T: Lorby OBi-1269
Artur Reinhard / Jugendchor der Liedertafel Neustadt an der Weinstraße
A: Neustadt (Weinstraße), Beethovensaal, 10.10.1961; P: SWF
- Nr. 8, Palmström (Slowfox)
Fritz Braun / Jugendchor des Bamberger Oratorienchores
A: Schwabach, Markgrafensaal, 25.10.1981 (K); P: BR
Gerhard Deutschmann / Chor des Gymnasium Albertinum Coburg / Georg Schneider, Klavier
A: Coburg, Fachhochschule, Aula, 1985; P: Lorby, 1986; T: Lorby OBi-1269
- Nr. 9, Korfs Verzauberung
Gerhard Deutschmann / Chor des Gymnasium Albertinum Coburg / Georg Schneider, Klavier
A: Coburg, Fachhochschule, Aula, 1985; P: Lorby, 1986; T: Lorby OBi-1269
- Nr. 10, Korf – Münchhausen (Boogie)
Gerhard Deutschmann / Chor des Gymnasium Albertinum Coburg / Georg Schneider, Klavier
A: Coburg, Fachhochschule, Aula, 1985; P: Lorby, 1986; T: Lorby OBi-1269
Fritz Braun / Jugendchor des Bamberger Oratorienchores
A: Schwabach, Markgrafensaal, 25.10.1981 (K); P: BR
Artur Reinhard / Jugendchor der Liedertafel Neustadt an der Weinstraße
A: Neustadt (Weinstraße), Beethovensaal, 10.10.1961; P: SWF
- Nr. 11, Der Rock (Blues)
Fritz Braun / Jugendchor des Bamberger Oratorienchores
A: Schwabach, Markgrafensaal, 25.10.1981 (K); P: BR
Artur Reinhard / Jugendchor der Liedertafel Neustadt an der Weinstraße
A: Neustadt (Weinstraße), Beethovensaal, 10.10.1961; P: SWF
- Nr. 12, Das Polizeipferd (Calypso)
Fritz Braun / Jugendchor des Bamberger Oratorienchores
A: Schwabach, Markgrafensaal, 25.10.1981 (K); P: BR
Gerhard Deutschmann / Chor des Gymnasium Albertinum Coburg / Georg Schneider, Klavier
A: Coburg, Fachhochschule, Aula, 1985; P: Lorby, 1986; T: Lorby OBi-1269
Artur Reinhard / Jugendchor der Liedertafel Neustadt an der Weinstraße
A: Neustadt (Weinstraße), Beethovensaal, 10.10.1961; P: SWF
Sonate für Violine und Klavier D-Dur, FHWV 188
Wolfgang Marschner, Violine [Pianist unbekannt]
A: Köln, Nordwestdeutscher Rundfunk, 23.11.1950; P: NWDR

Sonntags im Zoo (Rondo zoologico), FHWV 173
Volker Schmidt-Gertenbach / Stravanger Sinfonieorchester
P: NRK (?)

6 polnische Lieder nach Frédéric Chopin, FHWV 158
Wilfried Garbers / Hannoversche Solistenvereinigung; Karl Bergemann, Klavier
A: 1963; P: NDR

5 Sätze für cantus firmus und konzertanten Knaben-/Mädchenchor, FHWV 149
Ludwig Rutt / Mädchenchor Hannover; Dietmar Hackel, Bass
A: Hannover, Landesfunkhaus, 20.4.1959; P: NDR

- Nr. 1, Urlaub hab der Winter
Rudolf Mauersberger / Dresdner Kreuzchor
A: Dresden, Deutsches Hygienemuseum, 21.3.1965 (K); P: Rundfunk der DDR

5 Tierfabeln, op. 44, FHWV 95
Ludwig Rutt / Mädchenchor Hannover
A: Hannover, Landesfunkhaus, 29.11.1960; P: NDR

2 Volksliedbearbeitungen
Wolfgang Unger / Thüringischer Akademischer Singkreis
A: Bad Kissingen, Ev. Erlöserkirche, 1.8.1994 (K); P: MDR

IV. Tonträger

DK Archiv 9 (CD)	Förderverein des Dresdner Kreuzchores, CD-Archiv-Reihe, Nr. 9. Historische Schallplatten- und Rundfunkaufnahmen 1934–1968. Der Dresdner Kreuzchor unter Rudolf Mauersberger
ebs Records 6073 (Doppel-CD)	Rudolf Mauersberger und der Dresdner Kreuzchor Historische Aufnahmen Dresdner Kreuzchor; Leitung: Rudolf Mauersberger *A: 1949–1960; P: SDR*
EHA-Produktion X-5033 (LP)	Geistliche Chormusik Göttinger Knabenchor; Leitung: Franz Herzog *P: 1974*
GK 1 (LP)	Palmström – Franz Herzog: Musik zu Christian Morgensterns Palmström Göttinger Knabenchor; Falk Zimmer, Helmut Rümenapp, Klavier; Siegfried Michalski, Gitarre; Gerhard Handschick, Kontrabass; Peter Seidensticker, Sprecher *A: Göttingen, Stadthalle, 10.–11.7.1965; P: Gustav Bosse Verlag, Regensburg*

GK 2 (LP)	Wer sich die Musik erkiest. Geistliche und weltliche Lieder Mitschnitt eines Konzertes in der Göttinger Stadthalle am 10.6.1966 Rudolf Heise, Klavier (Schumann); Göttinger Knabenchor; Leitung: Franz Herzog *P: Teldec*
GK 3 (LP)	Freu dich, Erd und Sternenzelt I (1966) Günther Lingner, Heinrich Halfbrodt, Lutz Landgräfe (Trompete), Hans Lewen, Walter Guenther, Joachim Mittellacher (Posaune), Detlev Eschke (Pauken), Gerhard Handschick (Orgel); Göttinger Knabenchor; Leitung: Franz Herzog *A: Göttingen, Stadthalle, 10.1966; P: Teldec*
GK 4 (LP)	Romantische Chormusik (1967) Göttinger Knabenchor; Leitung: Franz Herzog *A: Göttingen, Stadthalle, 9.6.1967; P: Teldec*
GK 5 (LP)	Freu dich, Erd und Sternenzelt [II]. Der Göttinger Knabenchor singt Lieder und Motetten zur Weihnacht Göttinger Knabenchor; Leitung: Franz Herzog *A: 10.1969; P: Teldec*
GK 8 (LP)	Geistliche und weltliche Chormusik Göttinger Knabenchor; Leitung: Franz Herzog *A: Reinhausen, Klosterkirche, 10.1977*
Lorby OBi-1269	Gymnasium Albertinum Coburg u.a.: Franz Herzog: Musik zu Christian Morgensterns Palmström, Teil 1 u.a.: Chor des Gymnasium Albertinum Coburg; Georg Schneider, Klavier; Leitung: Gerhard Deutschmann *A: Coburg, Fachhochschule, Aula, 1985; P: Lorby, 1986*
Sonopress A-3925 (LP)	Weihnachtsmusik Gerhard Ramspott, Heinrich Halfbrodt, Heinrich Bunzendahl, Trmpete; Hans Leven, Heinrich Wagemann, Manfred Wiedmann, Posaune; Detlef Eschke, Pauken; Göttinger Knabenchor; Leitung: Franz Herzog *A: Reinhausen, Klosterkirche, 12.1977*
Xenophon X-5031 (Doppel-LP)	Händel: Messias Emilia Petrescu, Sopran; Hanna Schwarz, Alt; Kurt Equiluz, Tenor; Peter Meven, Bass; Posener Nachtigallen (Knaben- u. Männerchor der Staatl. Philharmonie Poznan) (E: Stefan Stuligrosz); Göttinger Knabenchor (E: Franz Herzog); Leitung: Günther Weißenborn *A: Göttingen, Stadthalle, 24.6.1973; P: Teldec*

Abkürzungen

+	Sören Harms, Franz Herzog und der Göttinger Knabenchor im NDR-Archiv, Typoskript, 2010
*	Kein Nachweis im Deutschen Rundfunkarchiv Potsdam-Babelsberg
A	Aufnahme
BR	Bayerischer Rundfunk
DLF	Deutschlandfunk
E	Einstudierung
GK	Göttinger Knabenchor, Schallplattenreihe
HR	Hessischer Rundfunk
K	Konzertmitschnitt
MDR	Mitteldeutscher Rundfunk
NDR	Norddeutscher Rundfunk
NRK	Norwegischer Rundfunk
NWDR	Nordwestdeutscher Rundfunk
P	Produktion
SDR	Süddeutscher Rundfunk
SWF	Südwestfunk
T	Tonträger

Personenregister

Das Register weist sämtliche genannten Personennamen mit den entsprechenden Seitenzahlen nach. Ausgenommen davon sind die Autorenangaben innerhalb der Anmerkungen (S. 86–88) sowie die Verzeichnisse der Kompositionen und Tonaufnahmen.

Bildnachweis

Gert Daake (Abb. 18–19)
Franz Herzog, Nachlass (Abb. 21–26)
Gerd Neumann (Abb. 17)
Göttinger Knabenchor (Abb. 5–15, 20, 27)
Regine Schön, Privatarchiv (Abb. 1–2)
Günter Stachowsky (Abb. 3–4)

In der Schriftenreihe *Dresdner Schriften zur Musik*, herausgegeben von Matthias Herrmann, sind bisher erschienen:

Vitus Froesch
Die Chormusik von Rudolf Mauersberger
Eine stilkritische Studie
Dresdner Schriften zur Musik | Band 1
ISBN 978-3-8288-3064-6
220 Seiten, Hardcover, 2013

Johannes Voit
Klingende Raumkunst
Imaginäre, reale und virtuelle Räumlichkeit in der Neuen Musik nach 1950
Dresdner Schriften zur Musik | Band 2
ISBN 978-3-8288-3261-9
332 Seiten, Hardcover, 2014

Boris Kehrmann
Vom Expressionismus zum verordneten „Realistischen Musiktheater"
Walter Felsenstein – Eine dokumentarische Biographie 1901 bis 1951
Dresdner Schriften zur Musik | Band 3 in zwei Bänden
ISBN 978-3-8288-3266-4
1372 Seiten, Hardcover, 2015

Romy Petrick
„War ich gut?“
Der Dresdner Nachkriegsregisseur
Erich Geiger
Dresdner Schriften zur Musik |
Band 4
ISBN 978-3-8288-3660-0
312 Seiten, Hardcover, 2015

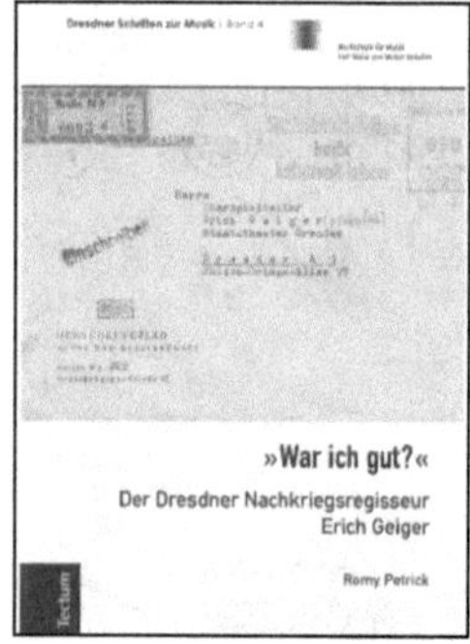

Manuel Gervink,
Robert Rabenalt (Hrsg.):
Filmmusik und Narration
Über Musik im filmischen Erzählen
Dresdner Schriften zur Musik |
Band 6
ISBN 978-3-8288-3682-2
254 Seiten, Hardcover, 2017

Wolfram Steude (hrsg. von
Matthias Herrmann)
Heinrich Schütz – Mensch,
Werk, Wirkung
Texte und Reden
Dresdner Schriften zur Musik |
Band 7
ISBN 978-3-8288-3840-6
358 Seiten, Hardcover, 2016

In Vorbereitung:

Matthias Herrmann (Hrsg):
Paul Aron in Dresden
Konzertreihen „Neue Musik“
1919–1933 • Selbstzeugnisse •
Korrespondenz
Dresdner Schriften zur Musik |
Band 5

Zeitfracht Medien GmbH
Ferdinand-Jühlke-Straße 7
99095 Erfurt, Deutschland
produktsicherheit@kolibri360.de